JN411903

천국보다 아름다운 유토피아를 찾아
시를 통해서 열정적으로 표현해냈다

# 천국보다 아름다운……

조 병 예 지음
조 해 경 감수

# 천국보다 아름다운

**초판 인쇄**_2025년 12월 23일
**초판 발행**_2025년 12월 29일

저 자_조병예
감 수_조해경
교 정_높이깊이
편집디자인_편집부
표지디자인_편집부

발행처_높이깊이
발행인_김 덕 중
출판등록_제4-183호


주 소 서울 성동구 성수일로 39-30 우편번호 04779
전 화 02)463-2023(代)
E-mail_ djysdj@naver.com

정가 15,000원

# 프롤로그

언제부터인가 나는 AI 즉 인공지능이 과연 인간의 영원한 꿈인 유토피아적인 삶을 앞당기고 있는가 하는 고민에 빠지게 되었다.

인류가 지구상에 존재하기 시작한 이래 인간의 목표는 무엇인가? 바로 지상에서의 낙원인 지상천국을 만드는 것이 아닌가?

인간은 천국으로 가기 위해 중세기 천 년간 오직 신의 뜻에만 의존하는 삶을 살아오지 않았는가? 그러나 신은 자신이 가장 사랑하는 천사 라파엘을 통해서 눈먼 시각장애인 시인 밀턴에게 지상에서의 천국은 영원히 사라졌다는 사실을 실낙원에서 잘 보여주고 있다.

불완전한 인간은 더 이상 신에게 의존하지 않고 오로지 AI와 디지털 혁명 등을 통해 과학과 기술에만 의존하여 지상낙원인 천국을 만드는 꿈을 실현하고자 하는 것이다.

필자는 이 시를 통해서 AI 등 과학과 기술의 발달로 최종 목표인 지상천국보다 더 아름다운 인간의 꿈을 실현하고자 노력하고 있다. 필자는 시를 통해서 천국보다 더 아름다운 것은 무엇인가에 대한 답은 인간이 가지고 있는 순수성이라고 본다.

이 글은 스마트 폰과 인공지능이 판을 치고 인간에게 과학과 기술의 사치를 포장해 인간이 가지고 있는 본질을 위장시키고 있다는 비판적 시각에서 출발하고 있다. 작가는 인간은 10만 년 전 태초의 원시시대나 수백 년 후 우주시대에도 인간본연의 순수성은 그대로 간직하리라 믿고 있다.

이 작품의 특성은 자연으로부터 삶의 지혜를 배우도록 하는 데 주력하고 있다.

작가는 어린 시절 부모님과의 생활과 그 후 양부모님과 이별과 그 후폭풍으로 찾아온 상실감과 현재의 그리움을 순수성을 바탕으로 현상학적 시각에서 소녀시대의 꿈을 복원해 내려고 붓끝을 열심히 놀리고 있다

문학적 가치의 생명력은 순수성이다. 필자는 생명력을

살려내기 위해 비록 세련되지 못한 툭박진 모양새라 할지라도 시대적 상황의 본질을 그대로 뽑아내려고 노력하고 있다. 저자는 주변 자연들의 경관을 동심을 살려 뇌리에 복잡하게 얽혀져 풀지 못할 것 같은 자연의 아름다움을 실타래 풀 듯 한올 한올 붓끝을 놀려 그림 그리듯 시로서 노래하고 있다.

또 다른 이 작품의 특성으로 작가의 소녀 시절의 꿈은 T.S. 엘리엇의 황무지를 장미꽃밭으로 일구어내는 꿈을 시를 통해서 실현하고자 하고 있다. 따라서 작가의 시들은 자연으로부터 인간의 참다운 삶의 지혜를 배우고자 하고 있다.

동시에 AI시대에 과학과 기술이라는 거대한 괴물에 눌려서 메마르고 소외되어진 나약한 현대인의 인간상을 순수한 본성을 찾아서 고상한 야만인으로 돌아가려고 노력하고 있다. 철근과 콘크리트 벽으로 만들어진 괴물 아가리 속 아파트에서 빠져나와 부와 명예와 권력으로부터 도피처인 자연상태로 돌아가도록 이 작품에서 보여주고 있다.

필자는 현대인들의 위장된 AI와 디지털 등 과학과 기술이 인간 생활의 행복을 가져와 지상천국을 만든다는 논리를 부정하고 자연으로 돌아가서 고상한 야만인으로 삶이 천국보다 아름다운 진정한 인간의 유토피아적 삶이라는 신념 속에서 시작품을 전개해 나가고 있다.

문학적 관점에서 필자는 작품을 통해서 인간 내면세계에 잠재된 본능적 두려움인 카타르시스적 고뇌인 고독, 사랑, 신, 죽음의 문제를 자기 일생의 경험과 직관 및 의식을 통해서 복잡하게 뒤헝클어져 있는 문제점들을 실오라기 풀 듯 하나하나 시를 통해서 풀어나가려는 의도가 작품 속에 숨겨져 있다.

필자의 문학작품 속에서 작가는 실존은 본질에 앞선다는 철학적 논제를 반박하고 부정하면서 출발하고 있다. 즉 인간이란 겉으로 드러나는 면은 달라 보일지는 모른다. 하지만 인간이 가지고 있는 본연과 본질은 변함이 없다는 주장을 하고 있다.

필자의 문학적 가치를 입증하기 위해 필자는 순수성을 바탕으로 가능한 은유와 직유 및 의인화 등 미사여구는 피했다. 시란 미화시키는 경우 시의 힘은 옮겨 심어 시들해진 화초와 빛바랜 백일홍같이 시의 청순함과 순수성을 상실하게 된다.

낭만주의 시인 윌리엄 워즈 워드는 그의 시 무지개에서 어린이는 어른의 아버지라고 한다. 무지개를 바라보면 내 가슴은 뛰누나 내 어른이 되고 내 늙어서도 그러하리.

필자는 윌리엄 워즈워드와 같이 자신, 가족, 자연환경을 중심으로 소녀 시절의 향수를 촘촘히 복원해 내려고 숲 속 허공을 미친 듯 헤매며 갈망의 회상에서 붓끝을 놀려대고 있다. 이 작품은 천국보다 아름다운 유토피아를 찾아서 독자들에게 알리려는 꿈을 시를 통해서 열정적으로 토해 내고 있다.

이 책의 출간을 위해 도와주신 많은 분께 감사를 드린다. 제일 먼저 이 책의 감수를 맡아주신 인문학 분야의 세계적 석학이신 조해경 박사님께 감사의 말씀을 드리고 무엇보다 이 책의 출간을 위해 물심양면으로 힘을 주신 나의 영원한 동반자인 홍순우 남편에게 감사를 드리고자 한다. 남편의 정성 어린 협조가 없었더라면 이 책의 출간은 불가능했다. 그는 내가 힘들어서 포기하려고 할 때 항상 옆에서 용기를 주었다. 따라서 이 책 출간의 공을 남편에게 돌리고자 한다.

다음으로 나의 정신적 울타리이자 가족인 장남 찬표와 차남 윤표에게 감사의 말을 하고자 한다. 또한 늦게 작가로서 출발하는데 힘을 준 손자와 손녀에게도 할머니가 얼마나 마음속 깊이 손자 손녀를 사랑했는지를 먼 후일까지 기억해 주도록 이 지면을 통해 전하고자 한다.

끝으로 이 책의 출간을 위해 힘써주신 출판사 사장님 이하 편집자님들께 감사의 글을 띄운다.

2025년 11월 15일

포천 수목원 뒤 정자에서

수백향 조병예

## 추천사

조병예 작가의 "천국보다 아름다운" 시집을 통해서 작가는 무엇을 갈망하는지 알 수 있습니다.

문사철 즉 문학적 관점, 역사적 견해, 철학적 시각을 병행하여 작가의 시편들을 분석할 수 있습니다. 우선 철학적 관점에서 작가의 시들은 플라토닉 유토피아를 추구해 나가고 있습니다.

플라토닉 유토피아는 현실 세계를 넘어서 이데아 즉 이상세계를 추구해 나가고 있습니다. 철학자 플라톤의 이데아 세계는 캄캄한 동굴 속 쇠사슬에 묶여 절망과 좌절 속에서 길을 찾아 나서는 사람들에게 빛이 환하게 비추는 동굴 밖의 이상세계로 나갈 수 있도록 이 시는 희망과 용기를 선사하고 있습니다.

문학적 관점에서는 필자는 인간이 가장 가고 싶어하는 그 곳은 천국이 아니라고 봅니다. 천국이라는 인간의 사고가 머무르는 한계를 극복하고 천국보다 더 아름다운 곳은 어디인지를 독자들에게 시를 통해서 가르쳐 주고 있습니다.

천국이 아닌 천국보다 아름다움은 문학적 관점에서 어디인지를 필자는 그림 그리듯 시구를 통해서 귓속말로 독자가 직관을 통해서 알 수 있도록 묘사하고 있습니다.

인간의 내면 속에서 갈구하는 천국보다 아름다움은 결국은 순수성이라고 역설하고 있습니다.

태초에 아담과 이브가 에덴동산에서 뛰어놀던 그곳은 문학적으로 왜 천국이라고 할까요?

필자는 에덴동산에서 인간들은 서로가 서로에게 아무것도 요구하지 않는 고상한 야만인으로서 삶 그 자체가 순수성이며 인간의 본질이라고 규정하며 천국보다 아름다움을 상징하며 독자들이 시에 감염되어 세속적 삶을 뿌리치고 순수성을 찾아 나서도록 붓끝을 놀리고 있습니다.

역사적 관점에서 필자는 인생의 전반기에 겪은 인생의 경험을 남은 여생 동안 문학적 삶을 통해서 독자들에게 더 가치 있는 삶을 살아가도록 시를 통해서 전파하려는 가치관이 저자의 글 속에 진한 향기를 품고 있다는 것을 느낄 수 있습니다. 시가 전하는 향기는 독자가 천국보다 아름다운 곳을 향해 나갈 수 있는 희망의 등불입니다.

필자는 유년시절의 부모님의 사랑, 이별, 고난, 갈등, 고독한 삶, 소외, 희망 등 인생의 오르막 내리막길의 경험을 시속에 잘 녹여내고 있습니다. 따라서 독자들은 저자의 시들을 통해서 자신의 살아온 길과 살아갈 길을 이해하고 천국보다 아름다운 삶을 살아가는 나침반으로 활용할 수 있습니다.

추천자는 조병예 작가의 시들은 노벨 문학상 수상 작품인 앙드레 지드의 『좁은 문』에서와 같이 천국보다 아름다운 곳으로 가는 좁은 문을 가르쳐 주는 시집이라고 평하고 싶습니다.

따라서 이 시집은 AI와 디지털 혁명으로 인해 어지러울 정도로 빛의 속도로 변하고 있는 주변 환경으로 인해 메마른 감정과 소외로 인간의 순수성을 상실하고 올바른 길을 찾아가려고 헤매면서 복잡하게 살아가는 현대인들에게 희망의 삶을 찾아가는 지침서입니다. 그리고 이 시집은 노벨 문학상을 받은 작품 이상의 작품성을 가지고 있다고 사료됩니다.

2025년 11월

문학박사. 교수

조해경

# 차 례

# 무지개 고운 빛

물감을 풀어 놓은 듯 호수같이 맑고 청아한 하늘
눈부시게 비추는 따스한 빛

잎 떨어진 앙상한 나뭇가지 사이로
겨울을 재촉하는 을씨년스러운
차갑고 매서운 바람

그 바람 제치고 언제쯤 그 우아한 빛 찾아 걸어볼까!
그 빛 찾아 걸어온 길 무지개 고운 빛
오색찬란한 그 빛은 추운 바람에 일렁인다

## 아기새

담장 위로 피어오르는 장미의 넝쿨
진 붉은 사랑으로 한송이 한송이 피어오른다

가슴 에이는 사랑의 장미 가시로
가슴을 찌르며 날아든 작은 새
장미향에 취해 장난감처럼 귀여운 손 내밀어
장미 넝쿨 품속에 안긴다

장미향이 그리워 다시 찾은 할미새
송곳처럼 뾰족한 장미 가시에
세상 물정 모르는 아기새
상처 날까 조바심하다

아기새 길 찾아 주려고
하늘 위로 날아오르는 할미새

사랑 어린 할미새 정성에 취해
아기새도 수줍은 듯 희망찬 하늘 길 찾아
힘겹게 높이 높이 날아올라
뭉개구름 위에 내려 앉는다

모진 비바람에 잘 견뎌온 아기새
길잃은 새들의 길잡이 되어
둥지를 떠나 넓은 세상 밖으로
자유로이 꿈 찾아 창공을 나른다

## 민들레 홀씨

어디서 불어오는 봄의 향기인가
하늘 향해 춤추며 원을 그리는 하얀 민들레 홀씨들

초록빛 잎사귀를 흔들어 대는 심술궂은 바람에
홀씨되어 날아간다

홀로 선다는 것이 얼마나 외로운 것인가를
봄 바람은 모른다

소리 없이 흐르는 눈물방울
바람에 사라진 홀씨 아래 외롭게 서 있는
새파란 줄기 틈새에
이슬 되어
그리움을 감추고 외롭게 맺혀 있다

## 대문 없는 꽃담 집의 커피

꽃담으로 이어진 향기 그윽한 대문 없는 집
봉숭아 수줍게 숨은 장독 옆 향기가 그윽한 꽃길

그 향기 찾아 눈 비비고 일어나
꾸밈없이 찾아가도
해바라기처럼 활짝 웃으며 반기는 친구
내 마음속에 숨겨둔 친구

마당엔 패랭이꽃 붓꽃 나리꽃 철쭉 장미
재스민 나팔꽃까지
활짝 핀 꽃들이 주인을 닮았다

그 꽃향기 맡으며 잿빛 하늘 바라보며
쪽마루 끝에 앉아 커피를 마신다
속 깊은 가슴에 향기가 가득하다
앞산 푸른 신록처럼……..

## 고독을 즐기며

한 모금 마신 물이
고독의 강이 되어
바다로 흐르듯

바쁘고 힘든 일상 속에서
가두었던 내 마음속에서
나를 본다

미처 발견하지 못했던 삶의 무게와 깊이 속에
고독을 찾을 수 있음이 좋다

고독은 양심의 소리에 귀 기울일 수 있어 좋고
고독은 홀로 있는 시간에 나를 돌보고
진실을 바라볼 수 있어 좋다

고독을 즐기다 보면 나를 발견한다
아름다운 삶을 위해 나를 더욱더
고독 속에 빠지게 만들자

한 모금 마신 물이 바다가 되어
침묵의 아름다운 파도를 만들 듯
고독은 참 인간을 만들어 준다

## 그런 사람이고 싶다

삶의 무게로 힘들어진 사람
위로하고 든든한 사람이 되고 싶다

좌절의 충격 속에서 삶이 막막할 때엔
위안이 될 수 있는 그런 사람이고 싶다

사랑에는 조건도 따른다고 하지만 조건 없이
바램 없는 사랑을 줄 수 있는 그런 사람이고 싶다

덜 받았다고 섭섭해하지 않고
그저 주고픈 사람이고 싶다

남은 삶이나마 그렇게 살고 싶다
먼 훗날 회상 속에서도 욕심없는 사람으로
기억하며 반가운 사람이고 싶다

먼 길 가다가 인생의 고단함을
느끼고 쓰러질 것 같은 사람
기대어 줄 수 있는 사람이고 싶다

외롭고 쓸쓸함이 너무 클 땐 언제라도
그 자리에서 지켜 줄 수 있는 사람이고 싶다

오랜 기다림 속에서도 지치지 않고
외로움을 고독으로 즐길 줄 아는 그런 사람이고 싶다

간절함에도 그리움으로 눈 시리도록
기쁜 사람이고 싶다

언제나 영원히 기다릴 줄 아는 그런 사람이고 싶다

## 내 맑은 영혼

당신의 얼굴이 실개천 흐르는 맑은 물에 비칠 때
그처럼 사랑스런 얼굴도 없습니다

당신만큼 나를 외롭게 한 사람도 없습니다
흘린 눈물 한움큼 집어 맑은 물에 던져 보내렵니다

나를 정직하게 살게 만든 사람도 당신입니다
당신은 나를 보게 한 투명한 거울입니다

당신의 깊이를 비추어 보면
어느새 내 안에 사랑스런 모습이 보입니다
그것이 나의 맑은 영혼입니다

맑은 물에 나의 모든 것을 비추어 볼 때
나의 앞모습은 흐드러지게 피어난

맑은 풀꽃으로 보입니다
내 뒷모습은 갈대 뒤에 숨어 있는
노란 풀꽃으로 비추어 집니다

바람에게도 굴하지 않는 보랏빛 갈대
부러지지 않는 나입니다
그것은 내 맑은 영혼입니다

## 운명의 길

모래알만큼이나 많은 날들이
암흑같이 막막한 시간이었을 때

원망과 분노, 사랑과 용서
마음이 서로 교차할 때

상추를 솎아내듯
마음도 정화 시켜보니

소슬바람 정답게 길 알려주네
바람 따라 걸어온 길 상선 약수 흐르고

물길 따라 걸어온 길
비켜 갈 수 없는 운명의 길

## 작은 바위섬

저 멀리 하늘 밑 푸른 바닷속 작은 바위섬
푸른 물결이 너울대며 달려온다
흰 빨래처럼 하얗게 부서지는 파도는
뼛속까지 씻기우며 영혼을 깨운다

파도가 스쳐 때리고 지나간 자리
자주색 포도송이에 몽글몽글 맺혀있는
싱싱한 포도알처럼 인내로 견뎌온 바위의 굳은 의지

오랜 세월 세찬 물보라에 시달리며 묵묵히 견뎌온
작은 바위섬 이야기를 듣는다
침묵으로 살아온 삶의 의지를 배운다

## 열정 1

얼마나 적막하고 외로운 길인가
절망과 좌절로 쓰러지는 영혼

다시금 일으키고픈 열망은
또 얼마나 간절할까

주저앉고 싶을 때도 많았을 테고
꿈과 희망을 포기하고 싶지만
서로 교차하여 삶의 이야기를 전한다

조용히 눈감고 듣고 있노라면
다시금 살아 움직이는 먼 훗날의 삶

멀어져가던 꿈과 희망이 열정으로 다시 태어나
기쁨과 환희로 영원한 빛으로 깊이 빛나 어둠을 밝힌다

## 바다 사랑

바다의 깊은 사랑 하늘빛 사랑
바다는 깊고 넓은 맑은 눈으로
흰 구름 흘러가는 수평선 너머
성스럽고 애닯이 바라본다

태양이 물들고 깊은 노을 지면
어둠은 가고 새벽안개 걷어가는
태양의 빛이 올 때
바다의 눈물은 진주되어 떨어진다

# 추억 실은 나뭇잎 배

안개 자욱한 날
강둑에 앉아 나뭇잎 배 띄운다
추억하나 띄어놓고 한없이 바라본다

너무도 소중한 추억 물 위에 맴돌고
못내 아쉬움 남아 떠나지 못하고
작은 바위틈에 맴돌고 있다

강바람이 보내준 빨간 단풍
물 위에 떨어져 보물로 묻어둔
추억하나 싣고 물길 따라 흘러간다

세월 가듯 정처 없이 떠나간다
보물로 묻어둔 예쁜 추억 가득 싣고 바다로 간다
강둑 벤치에 앉아 그 추억 읊어 본다

# 삶

삶이란 기다림의 연속이다
운명의 수레바퀴처럼
쉬지 않고 구름 가듯 흘러간다

현실이 버거워 앞이 보이지 않는 것은
집착이나 욕심 때문이고

안개 자욱한 길 위에서도
길이 보이는 것은
내일의 기다림이 있기 때문이다

행복한 삶의 향연을 들으려면
마음속의 집착과 욕심을 버려야 한다

## 바다

은빛 물결 출렁이는 저 바다는
끝도 깊이도 알 수 없는 사람의 마음

산들바람 불어올 때 출렁이는 하얀 파도는
순리를 받아들이는 것

저마다 각기 다른 삶을 알리듯
파도는 침묵으로 철썩인다

깊은 물길 속에 침묵을 알리는 바위섬에
고독을 즐기는 한 마리의 학

하얀 깃털을 잠재우고 지평선만 바라본다
물 위를 날으는 기러기는 고독을 깨운다

## 노을빛

솔잎 떨어진 오솔길에 쓰러진 통나무
서산에 지는 노을 보며 약속했지
저 아름다운 금빛 노을처럼 살다가자 했지

우뚝 솟은 나뭇가지 사이로 들어오는
따스한 노을빛
눈부시도록 빛났었지

빛으로 빛으로 움직이는 발걸음 따라
산새들은 노래하며 반기고
불어오는 봄바람은 연둣빛 잎새로 솔향기 날려

우리들의 영원을 약속하는 노랫소리
메아리 되어 돌아온다

## 봄길 맞이

나뭇잎들 겨울잠에서 깨어나
연둣빛으로 봄길 열어 반짝인다

노란 개나리꽃 담장을 이루며
작은 연못 얼음장을 두드린다

겨울잠 자던 개구리 초록 엽서 한 장에
따뜻한 영혼 깨운다

보랏빛 붓꽃은 향기 날리니
활기찬 선비들의 길잡이 되어
강인함을 자랑하고

뿌리를 감추고 피어난 수련은
잔잔한 호수에 향기 날려 울리네

하늘에 흰 구름 흘러 흘러

구름 공항 만들어 양손 들어 손짓하네

## 해바라기 친구

황금빛 옷을 갈아입고 오직
태양만을 바라보고 사는 해바라기 친구여!
해가 지면 나의 모습은 더욱 외로움이 짙어져
내 영혼은 나도 모르게 널 찾고 있지

싸늘한 바람이 불어올 때
향기조차 내뿜을 수 없는 너였기에
너는 무척 지조 높은 꽃이었나보다

노을 지는 하늘 아래서 금빛 옷으로 단장하고
나를 위로하는 노래를 조용하게 부르곤 하지

연민의 정보다 더 소중한 너이기에
아픔을 달래가며 널 보내고 있지

고독을 외치는 소리가 하늘에 들릴 듯한데
어찌하여 태양만 쳐다보고 있는가

지독한 외로움이 밀려올 땐 슬픈 노래로
위로하며 내일의 태양을 기다리고 있지

# 강물

품격을 갖춘 여인의 모습처럼
유유히 흐르는 강을 보니
마음은 넉넉하고 고요함이 흐른다

햇빛에 반짝이는 금빛 물결은
어린아이의 눈빛 같고
흐르는 물길 따라 눈길 돌리니
순리를 받아들이는 애달픈 삶이 보인다

강을 둘러싼 나무들은
인고에 시달린 사람에게 신의를 알리고
강둑에 핀 들꽃들은 자연의 향기로
사랑을 알린다

# 이른 아침

솔잎에 맺혀있는 영롱한 빗방울
아슬아슬하게 매달려
수정처럼 빛나고 있다

수수한 빛으로 곱게 핀 야생화는
강인함을 뽐내며
봄의 향연을 만끽한다

밟히며 견뎌온 파란 잔디의 설움
사랑으로 곱게 엮어
이웃집 아기 고운 발에 신겨 주련다

# 큰 별

깊은 밤 은하수에서 하얀 별들이 쏟아진다
둥근 달빛 따라 흐르는 큰 별 하나

초록 엽서 한 장 띄어놓고
찬란한 빛을 내며 유유히 사라져간 별

그 별빛을 찾아가고 싶은 애달픈 마음
새벽이슬 눈물 되어 하얀 볼타고 내려온다

## 하얀 그리움

대지마저 잠든 밤
소리 없이 내라는 밤비

하얀 새 한 마리 소나무에 기대어
비를 맞으며 울고 있다

차가운 밤바람은 젖은 날개 닦으며
살포시 스치고 지나간다

고요한 산사의 풍경소리는
외로움을 달래며 메아리 되어 돌아오고

그리움은 눈물 되어
비처럼 내려앉는다

## 붓꽃

언덕 위 외롭게 홀로 핀 붓꽃
어둠의 땅속에서 수액 만들어

해마다 그 자리에 꽃 필 수 있게 뿌리 내린 것은
내일의 기다림 때문인가

화사한 보랏빛 꽃잎으로 피어난 수려한 꽃
가는 이들의 생각을 멈추고
발길을 멈추게 한다

# 도라지꽃

구중궁궐 담 밑에 눈물꽃씨 떨구어
정성으로 하얗게 피워낸 꽃

보랏빛 색상으로 다시금 활짝 피었구나
화려한 보랏빛 꽃잎은 아파 흘린 눈물이었네

너를 생각하며 가슴 애이는 사랑
네 삶을 지켜보며 흘린 눈물

아직도 그 눈물 마르지 않았는데
너는 아직도 울고 있구나

네 고통 가슴에 묻고 인고에 시달린 아픔
모두 지워 빈 가슴속에 행복을 만들어 가네

## 물안개

실개천엔 물안개가 목화꽃처럼 피어오르고
하늘에서 구름이 공항을 그리며
물안개를 내려다본다

물안개 옆 전나무 활엽수는 붉게 물들어

어느새 낙엽의 정원이 되어
물길 따라 거니는 사람들

스산한 바람이 전해주는 갈잎의 소리 들으며
낙엽 정원의 커피 향을 마신다

집을 찾는 새들의 지저귐에
하늘의 뭉게구름 헤엄치고 있다

# 심장

달리지 않아도 심장이 뛰는 것은
사랑받고 있다는 증거입니다

달리지 않아도 심장이 뛰는 것은
사랑하는 사람의 격려 한마디 때문입니다

달리지 않아도 심장이 뛰는 것은
사랑하고 있기 때문입니다

## 대나무처럼 강하게 살아가자

하늘을 향한 대나무처럼 살자
누군가 베어 가더라도
아무도 뽑아낼 수 없게
깊은 뿌리내려 그렇게 살자

베어버린 자리에 꽃방석 피어나
그 누구라도 나지막이 앉아
떨어지는 잎이라도 바라볼 수 있게
대나무 속처럼 텅 빈 마음으로 살자

마디마디 강한 힘과 거센 바람 불어도
부러지지 않는 대나무처럼 살자
풀잎이라도 소중함을 알고 하늘 향해 가듯
그렇게 대나무처럼 청빈하고 강하게 살자

## 과거. 현재. 미래

과거는
지나간 추억 모두 그리운 것이고

현재는
지금 관계와 관계를 맺는 것이며

미래는
장래 희망의 길로 향해 가는 것입니다

# 회상

볏짚으로 엮은 돌돌 말은 멍석
사랑채 마당에 펴 놓고
아주 편한 자세로 밤하늘 본다

수많은 별들의 속삭임을 들으며
단풍잎 같은 연붉은 손가락으로 하나둘 별을 헨다
저 별은 나의 별, 저 별은 너의 별

천진스런 목소리로 노래한다
큰 별 가리키며
엄마! 저기 저 큰 별은 내별이야!

그 소리 듣고 제일 큰 별은 까르르 웃으며 내게 온다
수많은 별들은 박수치며 모여든다
반짝이는 별들은 꿈이 되어 빛나고 있다

## 미색의 목련꽃

순백의 겨울은 가고
봄을 알리는 봄비가 소리 없이 내린다

어두운 밤에 빛을 내듯
에메랄드빛을 띠며 땅을 가른다

비단결 같은 풀잎은 피어나
촉촉이 내리는 이슬비를 환영한다

봄을 기다리는 내 마음에도
고운 빛 미색의 목련꽃으로 피어난다

## 백합꽃 향기

백합꽃 향기 엄마의 향기
아침 해는 산허리에서
희망찬 하루를 보내라는 듯
방긋 웃으며 백합 향기를 뿜어낸다

아침 이슬은 잔디 위에서
발등을 간지럽히며 하루를 연다
식탁 위엔 커피 향이 흐르고
넓은 창밖엔 소리 없이 피어난 어머니의 꽃

숨결의 숨을 쉬며 어미를 그립게 한다
내 영혼 끝에 어머니 향기 품고
삶의 지혜를 알려 주셨던 어머니 말씀
귓전에 맴돈다

## 겨울철의 적막함

하늘은 빛나고 구름은 세월 가듯 흐르네
싸늘한 바람은 말이 없고
풍요로운 잎들도 낙엽 되어 뿌리 찾아 떠났다

아름답던 꽃들도 꽃씨 하나 떨구고
내일을 약속하며 사라지고
바람도 비껴갈 만큼 강인한 회초리

이슬 담아 피워낸 얼음꽃
금빛 날개 달고 영롱하게 빛난다

미생물까지도 보이지 않는 계절
겨울 철새만이 고독을 즐기며 대지를 깨운다

## 바람의 찻집

사르르 사르르 나뭇잎 흔들리는 소리
나는 바람의 찻집에서
파란 하늘이 우려낸 맑은 차 한 잔을 마신다

그리고 바람에게 물었다
나는 어디에 있느냐고?
바람은 살랑거리며 속삭였다

"이미 떠나버린 것들에 뒤돌아보지 말고,
마음에 민들레 꽃씨 하나 떨구어,
초심어린 마음으로 불꽃 하나 피우라 했지"

바람은 "아주 작은 별이라도 빛날 수
있다는 것을 잊지 말라"며 귓전에 맴돌다
회오리바람처럼 번개같이 사라져 갔다

## 나의 소중함

자신을 빛나게 하는 것은
스스로의 자신감과 자존감이다
어리석은 나를 깨우며 하루를 시작한다

활기찬 마음의 창을 열어보자
주위 환경에도 귀 기울이지 말고
나에게 귀 기울이며 하루를 시작해 보자

뒤죽박죽된 정신을 가다듬어
명상으로 돌보며 나를 깨워 모든 것이 수행이라 생각하고
모든 일상에 충실해 보자

상상 속에 내가 만든 인생은 강물과 같으니
집착하지 말고 삶의 그 자체가 연극이라
생각하고 그냥 흘려보내자

## 고독을 위한 삶

소나무 그늘 밑 잔디에 누워 하늘을 본다
소나무는 강인함을 알리고 하늘은 평온함을 알린다

새털구름은 나의 시간과 함께 쉼 없이 흐른다
바쁜 일상 속에서 접어 두었던
마음을 펼쳐 볼 수 있는 여유가 참 좋다

함께 할 때 미처 발견하지 못했던
삶의 무게와 깊이를
고독 속에서 하나 둘
돌아볼 수 있으니 좋고

해야 할 것과 하지 말아야 할 것을
분별하고 양심의 소리에 더 깊이 귀 기울일 수 있어
행복 찾기에 참 좋은 시간이다

파란 하늘엔 아름다운 마음의 호수가

잔잔히 흐르고

호수엔 하얀 물새 한 마리 세월 가듯

무지개 구름 타고 여유롭게 노닐고 있다

## 빛바랜 사진

안채 앞마당엔
잘 가꾸어진 사철 푸른 향나무 한 그루
푸른 잎이 아침 이슬을 머금고 있을 때
햇님은 어머님의 삶을 위로라도 하듯
포근히 내려앉는다

향나무 배경으로 사진을 찍는다
어머니 아버지의 다정한 그 모습이
두 분의 마지막 모습이었다

향 잎 하나 떼어서 코 밑에 대어보니
두 분의 사랑이 하얀 모시옷에 스며든다
어린 꼬마의 절절함이 맑은 눈에 흐른다
키 작은 채송화 그 사랑 받아 넣고
우두커니 빛바랜 사진만 바라본다

하얗게 타오르는 향연 속에
두 분의 사랑 노래가 하늘로 퍼져 갔다
상상 속의 세계로 사라져 갔다

## 밤하늘의 별

상처가 너무 아파 스스로를 가두고
과거에 얽매이며 살아온 세월
이제는 지난 일들 밤하늘의 별들에게 날려 보내고

다시 돌아오지 않는 시간이기에
내일의 미래를 꿈꾸며 희망찬 마음으로
최선을 다해 꿈 하나를 키워본다

삶이 정답은 없어도 빛이 있기에
외롭거나 걱정이 밀려와도
은하수는 길을 만들어 반짝일 것이다

사는 동안 의지대로 살지 못한 채
운명의 시간 속에 수많은 관계 속에
다양한 감정으로 스스로를 다스리며 살아왔기에

별이 떨어져 산산이 부서진다 해도

잔여들이 모여 다시 횡성이 되듯

비교할 수 없는 유일한 존재로 빛날 것이다

# 기원

소나무 숲 사이로 들어오는 찬란한 빛
눈부시도록 반짝이는 빛
그 빛 타고 들어오신 해님이시여

반짝이는 눈빛으로 나를 깨우십시오

해님이시여!

맑고 깨끗한 향기를 주시고
보는 것도 아름다운 것만 보게 하시고
듣는 것도 좋은 것만 듣게 하시옵소서

들어도 못 들은 척, 보고도 못 본 척하게 하시고
필요 없는 것들 마음과 생각 속에서 지워 버리고
좋은 생각만 하게 하옵소서

입으로 내뱉은 말까지도 스스로 정화하며
살아가게 하시옵고
뾰족함이 없이 맑은 옥처럼 빛나는 사람으로
살게 하시옵소서

남을 비난하기보다는 나의 어리석음을
먼저 깨닫게 하시옵소서

빛이 없어 절망하기보다는 희망을 안고
사랑으로 거듭나게 하시옵소서

말로 앞서기보다는 실천 있는 행동으로
책임 있는 사람으로 거듭날 수 있도록 지혜를
주시옵소서

부정적인 말보다 긍정적인 생각으로 살게 하시고
무심코 뿌린 말의 씨앗들이 어디선가 뿌리내려
타인에게 상처가 되지 않게 겸허한 마음을
갖게 하시옵소서

## 낙엽길 숲속에서의 꿈

나무들이 옷을 갈아입은 모습을 보면
자연의 경이로움에 머리를 숙입니다

열정을 토해 물든 나뭇잎 보면
나도 열정을 다해 꿈을 키우고 싶다

젊은 연인들의 발걸음마다 꿈이 달려 있다
연인들의 환호 소리와 바람이 만든 톡톡 튀는
음색의 하프 소리와 함께 꿈을 키운다

곱게 물든 단풍잎 하나 내일을 약속한다
바람이 전해준 실록의 차를 마시며
자연이 열어준 오감을 통해 낙엽길 걸으며
꿈을 키운다

## 강 언덕에서 삶의 지혜를 배우다

풀잎 휘날리는 강가에 앉아
바람의 소리를 듣는다
바람은 삶을 살아가는 데 있어
고통은 인간의 운명이라고 내게 말한다

운명이 요구하는 일에 참을 수 없다는 것은
그만큼 나약하고 어리석은 것은 없다고
검은 까마귀는 깍깍거리며 말하고는
가을 태양 아래 비행하고는 쉬고 있다

저 검은 새도 검다는 이유 하나로
불만을 토해내고 있는 것은 아닐까
강물은 언덕 아래서 내 삶을 알려주기라도
하는 듯 도도하게 흐르고 있다

물은 평범한 것 같지만
인생의 삶처럼 천 개의 눈으로 흐른다
깊은 물을 헤집기도 하고 바위틈을 샅샅이
훑으며 돌아가기도 하는가 보다

## 창밖에 핀 국화

창문 두드리는 소리에 잠에서 깨어나
창 열고 보니 하얗게 밀려오는 국화 향
가을 속에 매달려 하얗게 피었네

밤새 내린 이슬에 젖어 핀 꽃
아픔이 있어 그토록 하얗게 피었나
따뜻한 햇살에 아픔을 토해낸다

송이마다 맺은 사연 웃으며 위로하는 햇님
사랑과 그리움, 외로움, 이별의 아픔
행복을 위해 고독을 즐기는 방법까지

꽃잎에 적어놓은 햇솜 같은 사랑
하늘 바람에 실려 온 사랑의 향기
송이마다 해님의 사랑 행복의 선물로 빛난다

# 나 하나의 별

해는 어둠 뒤로 숨고
별들은 어깨 위로 쉬임 없이 내려앉는다
안개비처럼 소리 없이 내려앉는다

나 하나의 별은
나와 함께 있으니
나는 외롭지 않다

고요한 밤 바람에도 외롭지 않다
나 하나의 별에도 빛을 보낸다
향기를 보낸다

## 나팔꽃

울타리에 매달려
이슬 안고 피어난 나팔꽃

영롱한 이슬 담아 그 향기 날리며
아침을 알린다

아낙네 머리 위엔 찰랑대는 물동이
무거운 줄도 모르고 바삐 움직인다
굴뚝엔 하얀 연기 모락모락 구름 찾아 떠난다

솔가지 타는 냄새 구순한 엄마의 땀 냄새
철없는 어린아이 치마 끝에 매달려
밥 달라고 조른다

물망초 핀 실개천엔 햇살에 반짝이는
투명한 다이아몬드 빛 맑은 물

새벽길 소 몰고 간 목동 아저씨들 얼굴 닦는다
순박한 그 모습 그대로 바쁜 하루를 시작한다

## 침묵

슬퍼도 슬프지 않은 척
외로워도 외롭지 않은 척
아파도 아프지 않은 척
울고도 울지 않은 척
사랑하면서도 사랑하지 않은 척
아무리 지켜봐도 숨소리만 들린다

"말을 해봐요"

슬프면 슬프다고 말해
외로우면 외롭다고 말하고
아프면 아프다고 말해
울었으면 울었다고 말하고
사랑하면 사랑한다고 말해
망부석이 아니니까!

나는 너의 든든한 친구
함께 가야 할 친구라니까

그래! 바라봐 주는 것만으로도 행복해하자
침묵은 황금 같은 것이니까

## 눈이 날리네

회색빛 하늘에 눈이 날리네
바람길 따라 눈이 날리네

갈잎 떨어진 나뭇가지에도
살포시 내려앉아 서리꽃 되어
사연 담아 차갑게 피었네

길 떠난 까치집 그리움 담아
새틀의 깃털 구름 솜 되어 나르고
소복이 눈꽃 덮어 봄을 기다립니다.

# 4월은 잔인한 달

꽁꽁 언 땅 헤치고 솟아난 풀잎
그 누구도 찾지 않았는데 찾아왔네
밝은 빛 해님 찾아 힘들게 찾아왔나 보다

꽃밭에 앉아 귀 기울이니
가지 끝에 앉아 불러주는 산 까치의 노래
아마도 새싹들의 환영 노래인가보다

강인함을 알려주는 연둣빛 풀잎
그 풀 뽑아내는 강한 여인들의 마음
그러기에 4월은 잔인한 달인가보다

예쁜 풀꽃! 너에게 눈을 떼지 못하여
내 안에 너를 심고 말았다
풀꽃 향기라도 가득하도록 심어야만 했다

# 김장

텃밭에 심어 놓은 가녀린 모종
망연자실한 여인의 모습처럼
금방이라도 쓰러질 것 같은 어린 모종
단비만을 기다린다

단비가 키워낸 속이 꽉 찬 배추
노란 국화꽃 송이 닮았다
조심스런 손놀림으로 곱게 다듬어
어린아이 잠재우듯 폭 재운다

흐르는 맑은 물에 깨끗이 씻어
마음을 채워가듯 빨간 장미의 빛깔로
차곡차곡 정성 들여 채워
깊은 향기 머물도록 때를 기다린다

# 안개꽃

목련을 닮은 그녀
안개꽃 한 다발 가슴에 안고
사랑을 담는다

꽃잎에 향기 느끼며
입맞춤한다

아쉬운 미련에
아련한 마음으로 흔적을 남긴다

꽃향기 소록소록 코끝에 스칠 때
내 안에 가득히 피어오르는 안개꽃

꽃잎마다 맺은 인연 사랑의 별
작은 별들 안으로 품는다

## 해님과 바다

해님과 바다는 이별이 없다
해를 품은 바다는
파도의 음률 타고 해만 바라본다

하늘 위로 떠난 해님도
음률 따라 빛을 보내며
바다만 내려다본다
해님과 바다는 이별이 없다

## 숨어 우는 빛

겨울을 재촉하는 가을비가
늦은 밤까지 내려오고
차가운 바람은 겨울을 몰고 온다

퇴색되어 가는 나뭇잎에
사랑하는 이들의 이름을 새겨본다

새벽안개 걷어낸 반짝이는 햇살은
힘겨운 이들의 숨어 우는 빛이었다
눈부시게 가득한 그 빛은
희망의 길로 비추고 있다

## 나의 존재

어둠이 사라지지 않은 새벽
나는 누구일까
깊은 생각에 잠긴다

창밖에 보이는 곧게 자란 나무 한 그루
모진 비바람에도 잘 견뎌온 나무를 보며
나도 하늘만 향해 커가는 나무를 닮고 싶다

눈물로 괴로움을 달래가며 나를 키운 날들
모두를 이해하고 용서하며
나의 존재로 살아가고 싶다

한 걸음 한 걸음 나의 존재를 찾아 걸어야겠다

## 전우애

가을을 보내면서 세월과 함께
추억 여행길 떠나는 전우
푸른 제복의 추억어린 사연들
핏빛으로 물든 전우들의 깊은 사랑
수십 년 흘러도 변치 않는 마음

어느 병사의 간절한 사랑 이야기
유월에 활짝 핀 장밋빛 사랑
무지갯빛 사랑으로 축하하네
붉게 타오르는 저녁노을 위로
창공을 날으는 전우들은 즐겁다

## 내 마음은

내 마음은
하늘 위로 날으며 노래하는 새

내 마음은
황금빛 노을로 반짝이는 별

내 마음은
가지마다 매달린 복숭아 열매

내 마음은
넓고 고요한 바다에서 캐어낸 금빛 진주

내 마음은
그 무엇보다 행복합니다
핑크빛 장미 백만 송이 피었으니까요

내가 움직일 때마다 향기가 가득합니다
향수를 뿌리지 않아도 향기가 날 테니까요

# 뭉게구름

지구라도 삼켜 버릴 듯 퍼붓던 소나기
언제 그랬느냐는 듯
새침 떼고 있는 하늘

그 하늘 위로 떠도는
생크림 같은 뭉게구름
산 위로 떠오르는 흰 뭉게구름은
내 한 몸 묻어놓고 두둥실 떠다닌다

그 구름은 아름다운 길이 있다는 것을
알지 못한다
사랑의 아픔을 간직한 것이
얼마나 행복한지 그들은 모른다

## 꿈과 허상

열정으로 꿈꾸었던 거대한 꿈
한순간 사라지고
남은 것은 욕심으로 채워진 어리석음뿐

그 욕심 조용히 내려놓고 마음 들여다보니
모두가 사라져 갈 것들
생각하니 모두가 허상일 뿐이다

이미 정해놓은 운명의 길
조심스레 걸어온 고독의 길
모든 것이 한 생각에 사라지는 허상의 길

## 날 기억하지 말아요

머나먼 영원한 나라
침묵의 세계로
떠나고 없을 때
더 이상 내 손 잡지 못할 때에
날 기억하지 말아요

영원을 약속했던 앞날의 계획이
산산이 부서져 버렸을 때에
날 기억하지 말아요

당신의 마음이 너무 아플 테니까요

## 그 꽃잎

한여름 비바람은
애증의 꽃잎 하나 떨구어 놓고
비구름 몰고 간다

퍼붓듯 쏟아지는 소나기처럼
그 꽃잎 강물 위에 출렁인다

아름다운 사랑도
흐드러진 꽃향기도 잊은 채
돌 틈 사이로 소용돌이치며
정처 없이 바다로 흘러간다.

하얀 파도 타고 그리움 타고
삶의 고통도 잊은 채
그 꽃잎은 용궁으로 떠나간다

## 그대에게

그대의 눈망울 가만히 바라보면
나는 느낄 수 있습니다
그대의 마음속에 외로움이 숨 쉬고 있다는 것을

그럴 때면 나는
그저 사랑의 힘에 휩싸인 채
행복에 겨운 미소를 보내며
꿈을 꾸고 있는 듯한 환상에 빠집니다

외로움에 깊이를 알고 있는 내가
하늘 향해 바라보면
온갖 별들이 손짓할 때
나는 말없이 미소 짓고 무릎을 꿇을 뿐입니다

## 마지막 한 잎

쓸쓸한 갈대 바람 불어오니
외로움에 파르르 떨고 있는 갈잎의 몸부림
한 잎 두 잎 떨구며 유혹의 향기

어디서 날아오는 향기일까!
얼마나 외로우면 바람에 전할까!

가던 발길 멈추고 사방 둘러보니
가지 끝에 매달린 마지막 한 잎

그 향기에 취해 온몸 사르르 녹아내린다
마지막 깊이 내린 그 향기
사라지지 않는 마지막 한 잎

## 물망초 사랑

아련하게 밀려오는 물망초 사랑
바람 불면 꺼져 버릴 불꽃 같은 사랑
나를 잊지 말라며 꽃등에 새긴 이름

손끝만 닿아도 터질 것 같은 사랑
사라진 애달픈 사랑
나를 잊지 말아요, 나를 잊지 말아요

나 가거든 영원 앞에 장미꽃 한 송이 깊이 묻어주오
핏빛으로 흘린 눈물 물망초 꽃등으로
밝히려오

## 고석정 꽃밭

나라 지킨 그 넓은 사격장
훈련받는 용사들의 모습처럼
상처 안고 줄지어 피어난 꽃
가을 햇살에 은빛 물결로 반짝인다

총알 닮은 천일홍 천년을 약속하고
잘 다져진 불꽃 같은 해바라기
하늘의 용사처럼 씨앗만 남기고
꽃잎은 님 그림자 밟으며 떠나갔네

바람에 흔들리는 갈대의 강인함은
쓰러지지 않는 용사의 모습 그대로
그 사람의 목소리인가 바람이 전하는 그리움
흘리는 땀방울 용사들의 눈물인가보다

## 누군가 그리운 날엔

누군가 그리운 날엔 마냥 그리워하고
쓸쓸한 날엔 한없이 쓸쓸해하며
외롭고 힘든 날엔 슬픈 노래를 듣고 울어도 좋다

그래도 마음이 채워지지 않을 땐
예쁜 마음으로 누군가를 생각하며 글을 써
온몸이 춥다고 느껴질 땐 시린 마음 달래며
뜨거운 차 한 잔을 마셔도 좋아

그래도 추위를 느끼면 좋았던 추억을
꺼내어 그림을 그려봐
잊지 못할 사람의 초상화라도
그러면 마음이 행복해질 테니까

# 이것이 사랑

마음을 아프게 해도 이해하며
서로 지켜 주는 것이 사랑

미움과 원망이 밀려와도
미워하지 않고 원망하지 않는 것이 사랑

등을 돌려 떠난다 해도 그 뒷모습까지도
따뜻한 마음으로 대하는 것도 사랑

부족한 것도 말없이 지켜봐 주고 채워주며
그저 바라보고만 있는 것도 사랑

## 내가 당신을 얼마나 사랑했는지

내가 당신을 얼마나 사랑했는지
궁금해하지도 마!

당신을 좋아하고 사랑하는 것도
오롯이 내 몫이니까

당신을 사랑하는 마음도
차고도 넘쳐 강물처럼 흘러 버리거든

이제 당신이 내 곁에 없다 해도
외롭지 않게 당신을 사랑할 수 있으니까

## 열정 2

재 너머 아름다운 노을에 감탄한다
오늘의 해는 다시 뜰 수도 없는데
노을은 붉게 타오르며 해는 지고 있다

한 송이 장미는 때를 잊은 채
열정을 태우며
이 추운 늦가을에 제 색을 띠며 피었다

겨울 맞이하려는 가을바람이 장미향을 날린다
나이를 잊고 희망을 잃지 말고
늦은 꿈이라도 꾸어 보라는 부탁인지요

## 로렐라이 언덕

모락모락 안개를 내뿜으며
흐르는 라인강 물줄기는 어머니의 젖줄

강변 나무들은 따스한 햇살 바람의 감촉 느낄 때
황홀함에 연주하고

나뭇잎들은 가을의 찬사로
하늘에 감사의 헌가를 올린다

샛노란 은행잎은 만물을
감싸 안아 버리는 듯한 빛깔 속에
라인강변의 가을은 빛나고 있다

로렐라이 언덕에서 본 강물의 흐름은
매혹적인 여인의 허리

라인강 본연의 아름다운 선율과

광채를 드러내고 있다

## 전나무에서 아버지를 기리며

아버지 흔적을 기리기 위해 심어논 전나무
한그루 한그루 옛 영웅들의 모습처럼
아버지를 그리며 경건한 마음으로
줄지어 서 있는 나무들에게 감사의 마음을 전합니다

어린 시절의 추억과 지금의 현실이 뒤엉켜
푸른 잎들의 서러움이
당신의 마음을 흔들어 놓았습니다
정성 들여 심어 놓은 전나무들도 바람에 흔들립니다

태양이 그려낸 주홍빛 노을을 보며
한마디 말도 없이 어둠 속으로 그렇게 갔습니다
고통을 토해낸 아픔을 견디며
무궁화꽃이 활짝 필 그날을 기다리며
먼 길을 떠났습니다

못내 아쉬움 뒤로하고 푸른 나무 잘 자라 주기만을
염원하며 맑은 약수 주었습니다

## 갇혀 버린 새

하루가 시작되는 신선한 아침
발등을 간지럽히는 이슬을 밟는다

빗물받이 속으로 갇혀 버린 새
힘들면 조용히 힘을 모아 푸드득 날갯짓
어찌하다 그 어둠 속으로
들어갔는지 네가 원망스럽고 밉다

세상 밖이 그리우면 다시 한번 푸드득
날아갈 수 없는 너의 두려움 내 마음 전한다

기도하는 마음으로 너를 지켜
하늘 향해 가고픈 애달픈 심정
다시 한번 푸드득 힘을 모아
어둠을 헤치고 드넓은 창공으로 날아간다

## 행복한 당신

당신은 참 행복한 사람입니다
당신의 마음에 꽃을 심어 놓은 사람이 있으니

냉정히 등 돌려도 새벽안개처럼
감싸 안아주는 마음 따뜻한 사람이 있으니

몸짓 하나에 손짓 하나에 울고 웃는 사람 있으니

당신은 참 행복한 사람입니다

## 흐르는 눈물

소리 없이 흐르는 눈물은
마음의 호수되어 일렁이고

가슴에 고여 있던 호수는
봇물 되어 터져 흐르고 있다

귓가에 흐르는 선율과 함께
외로움도 흐르고 사랑도 흘러내린다

침묵으로 ________

## 속초 앞바다에서

밀려서 밀려서 오는 하얀 파도
바다의 깊이도 모르고 하얗게 부서진다

부서지는 파도 위 하얀 나비
수심도 모르고 깊이도 모르는 채
젖은 날개만을 힘겹게 하늘거린다

바다는 쉼 없이 깊이를 알려주건만
아무도 알려 하는 이 없고 등댓불만 깜박거린다

검은 바다 위 조각배 한 척만이
마음의 등불 되어 꿈을 싣고 희망 싣고 떠난다

## 마음의 문을 활짝 열고

상처투성이로 꼭꼭 닫아버린 마음의 문
빗물이 똑똑 문을 두드린다

굳게 닫은 빗장
흔들리도록 세차게 두드린다

빗장 하나 풀고 꽃씨 하나 심는다
빗장 둘 풀고 강인한 꽃 피운다
그 꽃향기 바람에 날려 뭉게구름에게 보내니

그 구름은 생각을 몰고 와 무지개를 띄운다
지저귀는 새들의 웃음소리에
마음의 문 활짝 여니
자연의 소리 평화롭다

## 하얀 민들레

가로등 옆 돌담 사이로 주인을 기다리며
힘겹게 피어난 하얀 민들레꽃
폭풍이 몰아쳐도 흔들리지 않는 모질게 핀 꽃

한낮 황금빛 태양은 너에게 힘이 되고
밤이면 별들의 속삭임을 듣고
외로움에 떨고 있는 가로등의 그림자는
삶의 이야기를 전한다

## 초롱꽃

웃으며 피어난 초롱꽃
수줍어 미소 지으며 약간 고개 숙였네

솔바람에 부탁해 날려 보낸
정다운 초롱불 같은 향기
흐드러지게 퍼져 가는 그 향기
가슴에 가득 담아

그대로 등불 되어
내 사랑 그대가 되어
내 영혼 달랜다

# 봄

봄은 살아있는 모든 것들의 움직임
꽃들도 수줍은 듯 피어나고

바람은 예고도 없이
향기 날리며 살랑거린다.

꽁꽁 언 땅 헤집고 솟아난 새싹
기지개를 켜며 배시시 웃고 있다

나는 자연의 신비로움에 감탄하고
경이로움에 무릎 꿇는다

원색의 계절 앞에 강인하게 핀 목련
눈앞에 펼쳐진 세상을 본다

## 예쁜 삶

보드라운 네 손을 잡아보면
가녀린 이 손으로 살림이나 할까!
흰 구름 구각 같은 네 손엔
붓놀림 하는 네 꿈이 보인다

어떤 일을 해야 할까 잠시 접어 두다
삶에는 하늘이 정해놓은 길인걸
힘든 길이라도 노력하며 걸어야 하는 길
곧은 나무처럼 정직하게 튼튼하게 걸어야 하는 길

맑은 옹달샘처럼 천천히 흐르자
조바심 내며 애태우는 삶 살지 말고
그저 하루만 성실하게 살자

내일이 오면 또 하루만 살면 되고
그 하루 지나면 또다시 하루만
그렇게 예쁘게 살자

## 당신의 마음

먹고 싶은 아이처럼
당신의 마음 두드리면
퇴근길 봉지 들고
문 두드리는 당신

통닭 먹고 싶을 때쯤
귀가 시간 전화벨 소리
통닭 사 왔으니 빨리 와요
닭 다리부터 내미는 당신

예쁜 옷 골라주며
이 옷은 당신에게 잘 어울릴 거야
서둘러 입고 나오면 망설임 없이 사준 당신

어린아이 취급하는 당신이 미워

불만만 털어놓아도

언제나 애기 같다며 위로하는 당신

그런 당신이 있어 행복합니다

# 당신에게

오늘은 어디서 마음의 빛이 올까!
그 사람한테서 오겠지

오늘은 삶의 기쁨은 어디서 올까?
여전히 그 사람한테서 오겠지

당신이 있어
행복하고 너그러운 세상

그 사람에게 늘 고마워
날마다 희망을 주고 빛을 주는 당신에게

## 느티나무 아래서 아버지 생각

가을 산이 조화롭게 물들 땐
나는 또 하나의 로댕의 생각하는 사람이 되고 싶다

넓은 광장 느티나무 아래 빈 의자
비바람에 퇴색되어 버린 애달픔

빨간 단풍 스산한 바람 타고
무릎 위에 내려앉으면 아버지
생각이 납니다

영원히 사라지지 않는 아버지의 진한 향기
가슴에 담아 아버지의 온기를 느낍니다

## 여운의 향기

늘 푸른 전나무와 소나무는
해가 바뀌어도
나무들의 교감하는 앙상블임을 알린다

갈참나무 아래 피어난 가을꽃들은
나뭇잎들과 어우러져
오묘한 색깔들이 인생의 미흡함을 채운다

나무들은 결핍에 대한 위로의 손길 내밀어
여운의 향기 날려
황홀감에 빠져들게 한다

## 달 속의 당신

둥근 저 달 속에 아련하게 보이는 당신
해바라기꽃 한 송이 들고
언제나 기다리고 있습니다

가렵니다. 가렵니다. 당신 곁으로
달빛 따라가렵니다
산 너머 고개 너머 당신 곁으로 가렵니다

둥근 달 속에 당신은 언제나 기다립니다
해바라기꽃 한 송이 들고
달빛 따라가렵니다

## 인생길

굽이굽이 걸어온 길 우리네 인생길
행복과 슬픔이 교차하면서
더함과 덜함도 없이 걸어온 길

오색 빛으로 물들이는 나뭇잎들 사이로
어느새 서쪽 하늘 바라보며 넘은 고갯길

맑고 푸른 하늘도 마법의 조각구름도
주홍빛 노을로 물들이고 따스한 가을 햇살
오색바람 살며시 무릎 위로 내려앉는다

## 모두 잊자

차 창가에 기대어
강건히 피어난 보랏빛 들국화
스쳐 지나가는 꽃들을 보며

지난 일들은 모두 잊어버리자고
생각조차 하지 말고 지워 버리자고
새들의 깃털처럼 보드라운 바람에
날려 보내자고

흔들리며 피어난 꽃들은 가을바람에
아주 멀리 사라져 버렸노라고
꿈속에서도 생각하지 말자고

쉼 없이 흐르는 구름처럼 살자고
가을 속에 피어난 부러지지 않는 갈대처럼 살자고
반짝이며 흐르는 저 강물처럼 살자

# 흔들리지 않는 마음

구름 한 점 없는 파란 하늘에
해님의 미소를 본다

꿀 바람에 실려 보낸 당신의 꽃 편지 들고
당신을 봅니다

행복으로 가득 채운 사랑
꽃바구니에 가득 담아

바람의 노래 들으며
달려갑니다

숨 막히도록 그리운 사랑
함께 있어도 언제나 그리운 사랑

꽃잎 떨어지면 연둣빛 새싹을 기다리듯

내가 가는 길이 꽃길이기에 함께 가렵니다

## 아픔의 고통

붉게 타오르며 떠오르는 저 태양은
지구라도 삼켜 버릴 듯 이글거린다

병원 문 열고 들어서니
먹구름 몰려가고 밀려오듯 수많은 사람들
이름조차 잊고 살았던 삶의 고달픈 사연
이야기꽃을 피운다

한세월 꽃 같은 청춘 흘려보내고 고통을 호소하며
울고 웃는 사연들
웅성대는 소리 백의에 천사들 이름 부른다
잊었던 이름 찾는 소리에 귀 기울여 호수처럼
조용히 원을 그린다

## 오두막 책방

밤새 빛나던 별들은 잠들고
숲과 숲 사이로 이어진 새벽길
안개 자욱한 아침을 여는 오두막 책방

잎새 떨어진 나뭇가지엔
밤이슬 맺혀
오고 가는 이들의 눈망울 적신다

불어오는 새벽바람 건강을 전하고
지쳐있는 발걸음 달래주는 쉼터
사랑의 오두막 책방

아낙네들의 삶의 이야기 듣는 곳
새로운 삶의 이야기 한 권의 책으로
마음의 불을 피운다

## 겨울바람

조각구름 한 점 없는 청아한 하늘
해님이 주신 선물 따스한 빛

그 푸르던 나무는 낙엽 떨구고
앙상한 나뭇가지 겨울바람에 떨고 있다

차가운 겨울바람 옷깃 여미며
빛 찾아 걸어온 길 고운 무지갯빛

희망의 빛 바라보니
오색찬란한 금빛 물결
찬란한 바람에 출렁인다

# 어두운 밤하늘

캄캄한 하늘에 별 하나 찾아본다
아무리 찾아봐도 내 하나의 별은 없고
차가운 밤바람만이 옷깃을 스치운다

싸늘한 바람 내게 속삭인다
네 마음 구름같이 가벼울 때
달그림자 밟으며 빛나게 돌아온다고

밤은 깊어 별들은 더욱 빛나는데
어둠만 내려앉아 고운 달만이
외로이 내게 들어와 눈망울 적신다

## 상선약수

햇살 따가운 낮에는 빛을 담고
적막한 밤에는 깊은 사색에 빠져
아름다운 향기 품어 감성을 보낸다

사소한 일에도 행복할 줄 알고
계산하지 않고 아이처럼 순수한 미소로
일상의 낭만을 은은하게 즐길 줄 알며

모락모락 피어오르는 향연으로 영혼 달래며
깊은 밤 나를 깨우는 음악에 취해 있음에
향 내음 가득한 이 작은 공간에 상선약수 흐른다

# 시골길

무심히 지나던 시골길
파릇한 잎새의 속삭임을 듣는다

가슴 깊은 곳에 맴돌고 있는 서러운 이야기
마음의 문 활짝 열고 나무에게 말해 볼까

때 묻지 않은 시골 아낙네들
도란도란 풀어내는 그들의 삶의 이야기

목소리에 정을 담아 나누는 소리에
내 안에 서러운 이야기 하나 함께 풀어 볼까

# 빈집의 정원

그토록 잘 가꾸어졌던 정원도
주인 없으니 쓸쓸하다
야생화들 주인 손길 기다리고
나무들 주인 목소리처럼
커다랗게 자라고 있다

인생의 허무함도 내일의 앞날도 모르는 체
한 백 년 살 것 같은 여인의 목소리
한여름 뜨거운 태양 아래 사라지고
산수국만 우아한 자태로 피어있다

하얀 찔레 꽃송이 겹겹이 쌓인 꽃잎에
그녀의 삶이 모여 있다
노랑나비 한 마리 바람 따라 향기 따라
목소리의 리듬에 맞춰 나풀거리며
한가로이 날고 있다

## 그리운 엄마

친구가 그리워 눈을 감으면
어느새 친구가 나타납니다

배가 고파 눈을 감으면
어느새 내 앞에 밥이 놓여 있습니다

상상만으로도 모든 것이
내 앞에 불러들일 수 있지요

그런데 엄마가 보고 싶어 눈을 감았는데
엄마는 오지 않고 눈물만 흐른답니다

살다 보면 왜 그렇게
엄마가 그리운 날이 많은지 모르겠습니다

## 사랑하는 아들들아

폭폭 찌는 여름날
숨 막히도록 더운 날
땀 흘리는 너희들의 삶을 보면
가슴 뭉클해진다

때론 넋 나간 사람처럼 먼 산 보기도 하고
차를 몰고 가다가 울컥하는 것도
진정한 엄마의 사랑이란다
첫눈 오는 초겨울날
엄마의 품속 깊은 사랑 전해 주련다

# 빗방울

너를 생각하는 설레임의 빗방울
비 내린 뒤 솔잎에 매달린 영롱한 빛
작은 손 내밀어 바닥에 떨군다

바람 불면 날아갈 너이기에
잠시라도 머물고 간 빈자리에
눈시울 적시는 추억하나 심는다

# 기다림의 연속

청량한 참새 울음소리에 눈을 뜬다
오늘 하루도 어김없이
한결같은 기다림의 연속이다
마음의 고통이나 잠깐 스치는 행복까지도

내 안에 모든 감정들
가시에 찔린 미움들
오래 품고 있어 돌이 되어

내 안에 따스한 심장되도록
하나하나 아픔이 스스로 빠져나갈 때까지
기다릴 것이다

내 안에 따스한 오장육부로 변해
아픔이 스스로 빠져나갈 때까지
기다릴 것이다

운명은 피할 수 없으니 받아들이고
내 안에 심장 뛸 때까지 기다릴 것이다

## 석산에 해바라기꽃

석산에 외롭게 핀 해바라기
달빛 따라 흐르는 설움
알알이 가슴에 묻고
외로움을 벗 삼아

고독을 즐기며
촘촘히 박힌 씨앗 가슴에 담고

밝은 달 아래 처량하게 핀 꽃
별빛 따라 흐르며 님 기다립니다

## 바닷새

날개 접은 바닷새 한 마리
돌섬에 앉아 깊은 생각에 잠겨
지평선만 바라본다

밀려오는 파도에 접은 날개 적시고
공허한 마음으로 날아간다
저 멀리 하늘 위로 날아간다

사랑하고 미워한 새를
부서지는 파도에 실려 보내려니
미련 때문에
날아간 바닷새 다시 돌아와 젖은 날개로
다시 품는다

## 한 송이 장미

소나무에 기대어 곱게 핀 한 송이 장미
아무도 돌아보지 않건만
홀로 외롭게 원칙과 신념으로
절개와 지조를 지키며

바람 부는 날에도 곧은 자세로
햇솜 같은 마음으로
활짝 핀 한 송이 장미

소나무에 기대어
솔 향기 가득 담아 아름다운 자태로
예쁜 모습 그대로 피어날 것이다

## 떠나는 사람들

하얀 날개 달고 눈물지며
가는 배 타고 떠날 사람들

사랑과 사랑으로 희망 안고
물 따라 희망 찾아 고향 찾는 사람들

흐르는 땀방울 기쁨의 눈물 되어 흐르고
각기 다른 모습으로 고향을 찾는 사람들

님 찾아 행복 찾아 영원을 약속하며
손에 손을 잡고 떠나는 사람들

## 달 그림자

아련한 저 달 속에 미소 짓는 그대
검은 그림자의 산이 가로막아
맞이할 수 없는 이여! 애달픈 이여!

둥근달 아래 핀 해바라기꽃
그 꽃 한 송이 찾으려 달빛 따라간다
산 너머 고개 너머 달려간다

영롱한 빛 달 속의 그대여!
그대만 정직하게 달빛이 비치고 있다
아련하게 미소 짓는 애달픈 이여!

## 몽골의 향수

어둠이 내리는 몽골
고향이라도 온 듯한 향수에 취한다

모락모락 피어오르는 커피 향
목동의 피리 소리 초원으로 날아간다

줄지어 달리는 양 떼들
뒤를 쫓는 목동 아가씨의 평화

미련도 욕심도 없는 반짝이는 눈동자
날리는 목동의 향기 정겹다

## 오묘한 빛

반짝인다. 빛이 난다
아무도 볼 수 없는 빛
아무도 느낄 수 없는 빛

풀잎 위에 띄워놓고
흔적 없이 사라진 빛

나는 볼 수 있네. 찬란한 빛
나는 느낄 수 있었네. 오묘한 빛

나는 떠나련다.
그 빛 찾아
가련다

# 꿈

별이 쏟아지는 밤하늘
수많은 별들을 바라보며
고사리 같은 손가락으로 별들을 헤며
너와 난 서로의 꿈을 얘기했지

우리들의 얘기를 엿듣던 은하수
길을 열어주려는 듯 빛나고 있었지
꿈을 담은 너와 나의 이야기들
별빛 따라 흘러갔지

피아니스트가 되겠다던 너의 거대한 꿈
선생님이 되겠다던 소박한 나의 꿈
서로의 꿈을 안고 뒤로한 너와 나
이제는 노을 앞에 서 있구나

## 뿌리의 속삭임

깊은 땅속 뿌리의 속삭임
꽁꽁 언 땅 헤치며 살아있는 세상 구경
빼꼼히 솟아난 새싹들 꽃샘바람에
빛을 찾는다

뿌리의 힘으로 돋아난 새싹들
조용한 음률 타고 솟아난 여린 새싹
강인함을 보이며 봄길 열고 있다
날아든 산 까치 가지 끝에 앉아 봄을 알린다

## 행복 이야기

서툰 사랑의 노래가 들려옵니다
말없이 지켜 준 것만으로도 행복합니다

사랑스런 눈빛으로
바라봐 주는 것만으로도 따뜻합니다

길옆 활짝 핀 초롱 꽃길만으로도
가슴 벅차오릅니다

하얀 민들레 홀씨만큼이나
행복 가득합니다

## 그대 오려나 보다

하늘엔 조각구름 흐르고
가냘픈 나뭇가지 위 갓 핀 새싹들은
물결치며 노래 부른다

아마도 봄이 오려나 보다
봄길 따라 그대 오려나 보다
물안개 피어오르는 강 건너 오려나 보다

하늘빛 노을 안고 무지개 언덕 너머
그대 오려나 보다
밤하늘 달님이 헤엄치듯 오려나 보다

따뜻한 내 영혼 함께 오려나 보다
별빛 안고 오려나, 달빛 사랑 안고 오려나
황금빛 기쁨의 눈물 안고 오시겠지

## 사랑의 향기

장밋빛 빨간 고추장찌개
보글보글 끓는 소리
당신의 등 긁는 소리

모락모락 피어오르는 사랑 향기
온 집안 가득 채운 깊은 사랑의 향기

호호 불며 한 숟가락 사랑을 먹는다
우렁각시 사랑을 먹는다
사랑을 채운다

## 까치꽃

그리워하는 마음
붉은 노을에도 다 표현할 수 없고

밀려오는 파도에도 적을 수 없으므로
주홍빛 노을의 울음소리

빈 마음으로 저 바다 건너가다
그 바다 물방울이 지구별에 튀어서

봄 까치꽃으로 태어나
밝은 태양 아래 예쁘게 피어나 웃음주네

## 새봄

숲 사이로 반짝이는 이른 아침 햇살
오늘 하루 잘 살라는 빛

바람이 전해준 봄소식 들으며
고요한 산길 걷는다

고요한 숲속에 조용히 피어난 생강꽃
햇살에 반짝이며 짙은 향기로 새봄을 깨운다

봄눈 녹은 산골에 얼음 깨고 음률 타고 흐르는 시냇물
봄을 알리는 산새들의 울음소리

나풀나풀 춤추는 나비들 나를 반긴다
경이로운 자연의 선물, 행복의 선물…….

## 새벽에 바치는 인사

하루를 살펴라!
하루가 인생이며 인생 중의 인생이니
그 짧은 시간 속에
그대 존재의 진실과 현실이 담겨 있으니
성장의 축복, 행함의 영광
그 아름다움의 광휘가
이제는 한낱 꿈이고 내일은 환상일 뿐이다

하지만 오늘에 충실한 이에겐
어제는 행복한 꿈이며,
내일은 희망 가득한 환상이다

그러니 오늘 하루를 살펴보아라
이것이 바로 새벽에 바치는 인사이다

인도의 극작가 갈리 다사가 쓴 시이다

윌리엄 오슬러 경이 거울 앞에 붙여놓은 시이기도 하다

옮긴이 데일 카네기

# 바위틈 소나무

하늘 닿을 듯한 바위틈 소나무
굳은 의지와 절개로 하늘 향해 자라고 있네

중심을 잃지 않고 바람 불면 부는 대로
자라온 소나무 불꽃 미소 띄운다

곧은 의지로 곧게 자란 소나무
살구꽃 노을이 아름답게 물들고 있다

## 왜 사느냐 묻지요

달그림자 밟으며
한 걸음 한 걸음 옮길 때마다
삶의 무게가 느껴집니다

밤하늘의 달을 보며
노란 해바라기꽃 한 송이 품었습니다

달빛 따라 흐르는 밤엔
황혼의 꽃이 피기를 기다리며
왜 사느냐 물으면
그 점이 살아가는 이유랍니다

## 오렌지빛 노을

산사의 종소리는 긴 여운을 남기고
풍경 소리는 한 여인의 마음을 울린다

오렌지빛 노을은 하늘을 물들이고
창가에 비치는 저녁노을은

고운 빛깔로 소나기처럼 들어와
여인의 옷깃을 스치며 지나간다

소슬바람이 전해준 구름의 솜사탕
달콤한 향기 꽃잎처럼 가볍다

# 기다리는 마음

꽃바람의 노래를 들으면
그대가 그립습니다

꽃바람에 실려 보낸 그대의 꽃편지
받아 들고 그대를 생각합니다

그리움으로 가득 채운 사랑
숨 막히도록 그리운 사람

함께 있어도 언제나 그리운 사람
꽃 떨어지면 새싹을 기다리듯

가는 길이 꽃길이 아니라도
흔들리지 않고 그대 기다리며 가렵니다

## 산책

모래시계 속 좁은 공간 모래알이 통과하듯
서서히 일정하게 일해야 하는 마음으로
새벽안개 헤치며 숲속 맑은 공기 마신다

머리 위에 내려앉은 안개는 수정을 만들며 아침을 연다

한참을 걷다 보니 작은 폭포 떨어져 호수 만드니
맑은 물에 발 담그니 떨어지는 물줄기
죽비되어 마음의 문을 열게 한다

어두웠던 마음의 문 열고 보니
산속 야생화꽃들이 한 송이 한 송이 눈에 들어온다
서양 억새 갈대인 팜파스 그라스 낮 달맞이꽃
초록 잎새들은 여유와 사랑의 풍요를 준다

바쁜 일정 속에서도 여유롭게 살아가는
방법까지 알려준다
주어진 일이 버겁더라도 하루 정도는
유쾌하게 인내를 갖고 살아갈 수 있다고

## 마음의 친구

사랑하고 싶어도 사랑할 수 없는 친구
울고 싶어도 울지 못하는 애달픈 친구

마음 답답해 어디론가 훌쩍 떠나고 싶어도
떠날 수 없는 친구

연민의 정보다 더 소중한 친구
바다가 그리워도 땀방울만 맺혀있는 친구

낙엽 걸으며 한 잔의 커피라도
여유롭게 마실 수 없는 친구

추운 겨울날 흰 눈 내리는 날 나뭇가지에 핀
서리꽃 바라보며
그리움마저 잊은 채 세월 가는 친구

수평선 너머 하늘만 향해 해바라기처럼
달리기만 하는 친구

그런 친구의 허전한 마음
위로를 전한다, 행복을 전한다

## 목련꽃 핀 언덕에서

물보라 치는 언덕에서
넋 나간 사람처럼 바라본다

흔들린다
봄이 불러온 미색의 목련

그 향기 구름 위 스칠 때
꽃등 밝히듯 피어오른 꽃

꽃잎에 새겨놓은 아름다운 사랑
머물지 말아요. 흔들릴 테니까

## 서리꽃

고요함을 안고 산에 오르니
추운 겨울이 만들어 낸 서리꽃

소나무 숲 사이로 눈부시게 빛나는 태양
오색 빛을 띄우며 서리꽃에 내려앉는다

소나무 숲으로 내려오신 당신의 미소는
한발 다가서게 하는 미소입니다

그 미소 담아 피워낸 서리꽃
솔잎에 피워낸 수정 같은 맑은 얼음꽃

햇빛으로 물든 영롱함이 가슴을 녹여
시가 되어 깨웁니다.

## 인생의 빛

하늘에 별을 보면 정답은 없어도 인생의 빛이 보인다.

때론 외로움이 밀려올 때나 간혹 인간들이 미워졌을 때 또는 걱정이 많아져 그 걱정 때문에 어떻게 해야 할지 모를 때가 있다.

그럴 땐 밤하늘의 별을 보며 반짝이는 별들이
은하수 따라 길을 찾아가듯이
정처 없이 길을 걸으며 생각에 잠겨본다.

우리가 살아가는 동안 과연 의지대로 여기까지
왔을까 그냥 세월 따라 흐름 속에 온 것뿐일까?

그렇게 수많은 관계 속에서 다양한 감정들은
나름대로 최선을 다하며 살아왔을 것이다.

스스로를 다스리다 보면 과거를 돌아보게 되고
아픔과 상처 속에서 후회하는 일들이 나를 붙잡는다.

오늘 최선을 다하고 내일은 희망과 미래에 대한
꿈을 위해 노력하지 못한다면 별들이 떨어질 때처럼
산산이 부서져 버려도 일어날 수 없다.

떨어진 별들이 다시 뭉쳐 또다시 행성이 되듯
나 역시 나의 존재로 나를 데려가 빛을 내야 한다.

## 사랑하는 법

맑은 하늘이 보랏빛으로 바뀔 때
왠지 누군가 기다리고 있는 것 같은 예감 때문에
사랑하는 법을 배우고 싶다.

타오를 듯한 빨간 단풍처럼 사랑을 배워 물들고 싶다
그러나 진정한 사랑이 존재하기는 할까!
시시각각으로 변하는 자연의 계절 앞에
사랑하는 마음도 변할 것이다.

하늘에 구름 가듯 사랑도 그렇게 가는 것은 아닐런지!
사랑도 찰나에 스쳐 지나갈 뿐이다.

예고 없이 찾아오는 사랑과 이별이지만
아름다운 이 가을에 나뭇잎이 물들 듯
나에게도 사랑에 물들이고 싶다.

우아한 산수국의 꽃잎처럼
풍요롭게 피어나 꽃잎 하나 떨구지 않고
서서히 퇴색되어 가는 꽃송이
그렇게 기품 있게 꽃이 지듯이 나를 사랑하는
법을 배워 사랑하고 사랑하며
그렇게 늙어가는 모습을 보이고 싶다.

## 후회

해변을 따라 반짝이는 모래밭 길을 걸으며
지난 일들을 생각하니 문득 수많은 사람들과
얼마나 많은 언어들이 공기 속에 사라지지 않고
맴돌고 있을 것 같은 생각에 두렵고 부끄러워진다.

말에도 온도가 있다는데 서로 주고받은 말들이
상처와 비명들뿐이다.
그러기에 다음부터는 말할 때엔 한 번 더 생각하고
말해야겠다고 생각했다.

불어오는 산들바람도 말없이 불어오는데!
바람이 몰고 온 파도도 침묵을 지키며
불만도 없이 부서지는데
나는 왜? 이토록
상처에 약하고 주고받은 말들에 대해

후회하고 있는지 모르겠다는 생각에 최선을 다해
이해인 수녀님의 글처럼 언어의 집을 지어보자.

향기로 스며드는 겸손의 집으로_____
마음이 아플 때나 외로울 때는 원망하기보다는
고독의 집을 짓고 부정적인 말과 생각보다는
긍정의 말과 생각의 집을 짓고
너무너무 화가 나는 말을 들었을 때는
막말보다는 지혜롭게 보통 일이 아니네!
이러시면 곤란한데 라는 등
남들과 비교할 때의 말을 들었을 땐

예를 들어 봄에는 많은 꽃들이 피어서 좋고
가을은 단풍이 예쁘고 겨울은 흰 눈이 덮여 좋다는 말로
지혜롭게 대치하는 마음으로 살자.

우리네 인생은 단 한 사람도 똑같을 수 없으니
최선을 다해 부족한 것을 채우며 살고 싶다.
아니 채우며 살아야겠다.

상처는 남이 주는 것이 아니라 내가 받는 것이라고
위로하며 살자.

하얗게 부서지는 파도의 침묵을 닮아보자.
어디서 불어오는 바람인지 바람처럼 살아가려면
많은 노력을 해야겠다.

노력하면 안 되는 일은 없을 것이라고 생각하며
나로 인해 많은 상처를 받은 분들게
사과하는 마음으로 글을______

## 해맑다 해맑아

"해맑다 해맑아" 그녀의 맑은 목소리가 귓가에 들릴 때
내 안에 순수함이 꿈틀거리며 소녀의 감정을
살아 움직이게 한다.

어른의 존재로 살아가고 있는 지금 그녀는 어찌도
그렇게 지금까지 순수성을 잃지 않느냐며
맑은 미소를 전한다.
나는 그 미소를 받아 순수함 그대로 젊은 날의
낭만을 찾아 긴 여행을 떠나 보기로 했다.

초롱초롱 빛나던 새까만 눈동자 맑은 눈을 그대로 담아
소녀 때 행복했던 추억을 본다.
따뜻한 봄날 추위를 이기고 새싹과 꽃들이 꽃망울을
터뜨릴 때 환희의 눈물이 뒤섞여 작은 것에 감사할 줄
알았던 천진스러운 행복을 느낄 때도 있었다.

고목나무에 피어난 꽃보다 나무 아래 핀 작은 꽃들이
더욱더 대단함과 소중함으로 알고 속삭임을 듣고
있노라면 어느새 여름이 다가와 바닷가 모래 위에
성을 쌓고 스피커에서 음악이 흐르면 살랑살랑
몸을 흔들던 나팔바지 상하이 트위스트로 친구들과
어울림 모래 속에 몸을 묻고 깔깔대며 웃던 추억들이
스쳐 갈 때 성큼 다가오는 가을에 나도 모르게 찾아오는
센티함에 젖어 보기도 했다.

예쁜 단풍잎 모아서 조심스레 책갈피에 끼워놓고
잎 떨어진 나무를 보며 추위에 떨고 있을 가지들의
외로움을 나무에게 엽서 한 장 띄워 놓고
포근한 눈송이라도 내려앉길 바라던 때
나뭇가지는 얼음꽃을 피우며
소녀의 마음을 기쁘게 했다.

곱게 말린 나뭇잎 꺼내어 크리스마스카드와
연하장으로 마무리하며 밤을 지새우던 시절,
소녀는 눈꽃 위의 다이아몬드 빛으로 해님은
휘황찬란한 오색 무지갯빛으로 위로하고 있었다.

소녀는 눈꽃을 보면 하늘에 감사하고
어른이 된 지금도 소녀의 감성으로
첫눈처럼 너에게 가겠다는 영원한 약속의
그리움으로 남아있다.

## 행복한 삶이란

인생은 속고 속이며 살아가는 것이라
대다수의 사람들은 그렇게 알고 살아갈 것이다.

그러나 베푸는 것도 나를 위한 것이며
때론 받은 이로부터 부담을 주기도 한다.
그러기에 주고받는 것보다 멈춰야 할 때가 있는 것인가?
하지만 나는 이렇게 생각한다.

그저 받는 사람 입장에선 부담 갖지 말고
고마움을 느끼면 되고
주는 사람 입장에선 조건 없이 주면 된다고 생각하면
그것이 함께 행복의 길로 가는 것이라 생각한다.

타인이 나를 속인다 해도 서운해 하지 말고
두려워하지도 말자.

남의 인생에 끼어들어 이러쿵저러쿵하지도 말자.

내 자식 잘되었다고 남의 자식 탓해서도 안 된다.
어느 부모가 자식 잘못되라고 빌어 본 적 있을까?
다만 운명의 수레바퀴 속에 각자 주어진 길로
걸어가는 것이 순리를 거역하지 않는 것이 아닐까?

남을 평가할 때는 자신의 잣대로 평가해서도 안 된다.
한 치 앞도 모르고 살면서 남의 삶을 어떻게 알 수 있을까?
각자 살아가는 것이 그 나름대로 최선을 다해
살아가는 것이 인생이거늘 어찌하여 자신의 잣대를 놓고
남의 인생을 자로 재어 볼 수 있을까?

사람은 누구나 각자의 가치관으로 살고 있지만
순리를 거역할 수는 없는 것 같다.

그냥 그대로 자연에 순응하며 봄바람 살랑거리거든
불어오는 바람 따뜻하게 맞이하면 되고
하얀 파도 밀려오거든 그 파도 타고
더 넓은 세상 바라보며 물처럼 살며
고통이 오면 오는 대로 받아들이고
잠시 행복이 오면 쉬어 가더라도 잡지는 말아야지.

호사다마라는 말이 있듯이 행복 뒤에는
마가 함께 공존하기 때문이다.

이토록 고통의 세계에서 살고 있다는 것은
상대성 원리에서 행복은 잣대와 기준이
상대적으로 존재한다는 것이다.

## 인생의 뒤안길에서

뒤늦게 나를 바꾼다는 것이 무척이나
힘들다는 것을 나는 잘 알고 있다.

특히 흐름의 세계에서 더욱더 그러하다.
내 안에 존재하고 있는 원동력으로 찾는다 해도
그렇게 쉬운 일은 아닐 것이다.

그것을 알면서도 나를 찾으려고
무한한 노력을 한다는 것에
나로 하여금 칭찬하고 싶다.

나의 존엄성을 잃지 않고 마음의 공간 안에서
내면 속에 잠재하고 있는 영감과 깊고 넓은 인격을
찾아야만 인생을 즐겁게 살 수 있는 것이라
생각하고 있기 때문이다.

그러므로 내 안에 영혼과 잘 살아가려는 노력으로
삶의 프레임을 잘 쳐야 한다는 것을 뒤늦게나마
알아 간다는 것이 대단한 것이 아닐까!
나를 칭찬하고 싶다.

윌리암 제임스 심리철학에는
나를 바꾸기 위해서는 사람의 본능인 즐거움과 자유를
얻을 수 있는 것이 나의 태도라 했다.
마음의 태도를 바꾸는 것은 마지막 자유를 얻는 것이고
그것은 개인의 몫이라고
그렇다! 어떤 상황에서도 남아있는 것은
마음의 태도를 바꾸어 행복한 자유를
얻는 것이라고 생각한다.
자유를 얻으려면 내 마음의 창을 열고 좁은 내 마음을
넓은 창으로 들여다보는 연습을 해야 할 것이다.

쉬운 일은 아니겠지만 그리 어려운 일도 아닐 것이다.
스승님의 말씀을 거울삼아 나의 내면에 좋은 프레임을
만들어 바라볼 것이다.

모든 사람들의 다름과 같이 말의 온도라는 것도
다르다는 것을 인식할 것이다.
나와 똑같을 것이라는 사고방식에서 벗어날 것이다.

## 황금빛 노을 앞에서

망망한 바다 위 해님은 황금빛으로 물들이며
바다의 품속으로 스며들고 있다.
황금빛 노을 앞에 마음의 불도를 켜 놓은 채
이별 없는 해님과 바다를 쉼 없이 바라보며 서 있다.
황금물결 출렁이는 파도를 타며
그동안 내 삶의 옷을 하나씩 벗어 버릴까?

언젠가 빼곡한 솔밭 길을 홀로 걷고 있었다.
숨이 차오르는 언덕 솔 향기가 자욱한 길
이 길인가 했더니 떨어지는 가파른 길이기도 했다.
그렇게 쉼 없이 삶의 길을 걷다가 내 안에서 끝없는
수평의 길을 찾아가라는 영혼의 길목에서
생명의 물을 마셔본다.

은유와 겸손을 알려주신 자연의 경의로움 앞에

발을 멈추고 고개를 숙여 본다.
그토록 감탄할 수 있는 삶을 주셨는데도
만족하지 못하고
겹겹이 껴입은 더러운 옷

이제 하나씩 벗어 버리고 내 안에 사랑으로
다시 태어나 진심 어린 마음으로 집착의 더러운 옷
모두 벗어 버리자.

바닷가 모래알만큼이나 많았던 욕심은
내 삶의 전부였으니
모두 벗고 자유와 평화로운 삶을 살 수 있도록
노력이라도 해야겠다.

뒤늦은 삶이지만 후회 없이 살도록 하자.

불안과 의심이 들 땐 석양이 지는 날에

해당화가 곱게 핀 바닷가에서

저녁 바람에 모두 날려 보내고 하늘을 보자.

## 꿈을 향한 이들에게

아이들도 어른이 되고 싶은 욕망이 숨 쉬고 있을 것이다.
아이도 토끼 두 마리를 키우면서 바쁘다며 나름대로
마음이 혼란스럽다는 것을 표현하는 것이다.
그 아이도 평안을 찾을 수 있기를 간절히 바라고 있었다.
불안과 초조는 아이들에게도 그 특징을 마음 깊은 곳에
뿌리를 내리고 인생을 고통스럽고 허무하다며
무의미하다는 것을 만들어 갈 수도 있을 것이다.

미래를 향해 꿈을 향한 이들이 가장 필요로 하는 것은
이렇게 말하고 싶다.

내면 깊은 곳에 혼란을 제대로 극복했으면 하는
마음이다.
동시에 의식주나 권력 같은 것보다는 조화로운 상태를
추구하며 삶을 살았으면 하는 바람이다.

의식주나 권력을 쫓다 보면 감정의 기복이 심해
작은 손실에도 화가 나고 외로움과 유혹에도
지나치게 약해 고통을 견디지 못할 수도 있다.
그렇게 되면 불안과 초조의 덫에 걸려들 수도 있다.

불안과 초조는 건강의 적이며 정신건강 질환이
차지하는 비중이 더 클 수도 있다.
또한 업무에 대한 스트레스로 비명을 지르고
쉬기도 한다.

스트레스는 만병의 근원이며 심리적 불안으로
사망까지도 불러일으킬 수도 있다.
그러한 마음의 초조를 해결하지 못한다면
일정한 의료비를 정기적으로 지출할 수도 있다.

2011년 작고한 스티브 잡스가 이렇게 말했다.
"가장 중요한 것은 자신의 마음과 직관을 따르는 용기이며 마음은 진정 무엇이 하고 싶은지 이미 알고 있다"라고

대부분의 사람들은 진실을 외면하고 습관적으로 자신을 위장하고 자기 자신을 왜곡하기도 한다.
오랫동안 자신을 숨기고 위장했기에
많은 상처를 입기도 한다.
그러하니 마음의 문을 두드려 마음과 직관의 힘이 얼마나 신비한 존재인가를 알아야 한다.

존재를 알아 가려면 마음의 소리를 듣고
내가 하고 싶은 일을 충분히 나열해 보아야 한다.
그리고 그 길을 향해 마음을 먼저 그길로 보내 보아라!

그렇게 그 길 따라 충실하다고 보면 가야 할 길이 마음의 직관이 이끌어 갈 것으로 생각한다.

## 평화의 강

햇살 가득한 날 강을 찾아 깊이 묻어있는 돌을 밟으며
정성스레 마음 따라 물길 따라 한가로이 걸었다.
강둑에 피어 있는 야생화들 강바람에 향기 날리고
쉼 없이 흐르는 강물은 마음에 고요함을 더했다.

물살이 만들어 낸 각기 다른 돌들의 모양은
마치 사람들의 몸과 마음을 연상케 했다.
제일 먼저 발견한 커다란 돌은 마치 금강산이라도
옮겨놓은 듯한 뾰쪽한 산봉우리와 하얀 실선은 마치
남과 북을 가로지른 삼팔선의 모습처럼
신비로운 돌이었다.

한국의 얼이 담긴 것처럼 자연이 만들어 낸
삼팔선의 돌, 내 가슴을 아프게 했다.
서로 갈라선 남과 북

한 동포이건만 생각의 차이로 팽팽한 주장은
나라를 생각하는 마음은 똑같았을 것이다.
바라는바 하루속히 통일되어
자유롭고 평화롭게 살았으면 좋겠다.

## 나의 발견

사람은 누구나 천부적인 재능을 가지고 태어나
환경의 지배를 받으며 살아가고 있다.
환경의 지배를 받다 보면 자기 자신의 능력이 무엇인지
꿈이 무엇인지 모르는 수가 있다.

나이를 먹어 가면서도 본인의 능력을 찾지 못하고
시대에 따라 살아온 사람들도 많다.
여성들은 살림만 잘하면 최고인 듯 살던 시대
대학 가정학과 졸업이라면 최고의 며느릿감으로
인정받던 시대도 있었다.
그러나 지금 이 시대에선 어리석은 여인으로 취급받고
살아갈 수가 있다.

살림만 잘하면 구시대의 사람으로 인정한다.
그렇게 환경의 지배에 따라 살다 보니

나는 무엇을 잘하며 타고났는지 어떤 재능의 능력을
발휘할 수 있는지를 아무도 모른다.

그러나 지금 어린 시절을 생각하면 나의 재능이
무엇인가를 생각해 보니 아주 말수가 적은 아이로
예술적 감정을 갖고 성장했습니다.

마음속으로는 모든 것을 억누르며 참고 살아왔던
삶의 고뇌에서 매우 연약하다는 이유로
상처도 많이 받고 상처받는 것이 두려워
침묵으로 마음의 문을 닫아
버릴 때도 있었습니다.

불우한 어린 시절이 내게 억누르는 습관과 과묵함이
오히려 감수성을 이끌어낼 수 있었습니다.

어린 시절의 기억은 짙은 어두운 그림자로
남아있었기에 내 마음에는
언제나 악마가 자리하고 있는 것 같았습니다.

환경의 지배로 키워온 악마는 나의 선천적인 본성을
망가뜨리려고 애써 왔습니다.
다른 사람들의 말에 신경 쓰고 내가 좋아하는 것보다는
남이 좋아하는 것에 신경을 더 쓰며 살아왔습니다.

그러나 이제 인간이라면 누구나 한 떨기 장미라
생각하고 싶습니다.
그래서 이젠 내 자신에게 어울리는 곳을 찾아 힘껏 꽃이
피어나기만 한다면 얼마나 행복할까?

늘 남의 화려한 정원에 시선을 빼앗기고 내 앞 창가에

피어 있는 장미의 아름다움을 보지 못해
가련한 본성이 되었습니다.

그러나 내 나이 칠십 중년이 된 나는
내가 무엇을 좋아하는지
마음의 소리를 통해 알게 되어
선물 받은 감성으로 좋아하는 일을 하다 보니
다른 사람의 말도 신경 쓰지 않게 되고
인생이 훨씬 단순해지면서
나의 행복도 커가고 있습니다.

사람은 누구나 자기 자신을 위해 살아야 한다고
생각하며 몸도 내 것, 내 영혼의 인생 역시
내 것이기에 내 삶에는 가식이나 거짓이
필요 없다고 생각했습니다.

내 스스로 자랑스럽고 나를 따뜻하게 하고
위로할 수 있는 존재로
나의 삶을 위해 마음의 양식을 쌓고
나를 위해 노래하며 나의 능력을 믿고
내 영혼 깊은 곳에서 자신을 이해하고
진정으로 바라던 삶을 살아야겠습니다.

## 별명 바둑이 엄마

초등학교 5학년 때의 별명이 지금까지 이어온
운명 같은 별명입니다.
우리 집엔 아주 귀한 바둑이가
자연의 선물로 들어왔으니까요
집에서 키운 지 15년 전원주택으로 이사온 후
바로 키우기 시작했어요.

그렇게 자연스레 바둑이 엄마가 되었습니다.
바둑이 음식을 만들며 행복해하는 신랑을 보면
웃음이 나도 모르게 나온답니다.

신랑 퇴근길엔 양손으로 들고 들어오는 검은 봉지를
식탁 위로 올려놓으며 이것은 바둑이 간식
또 이것은 바둑이 엄마 간식이라며 올려놓는 답니다.

지금부터는 바둑이 엄마라는 별명이 된 이유를
설명해야겠네요.

내가 12살 때였어요.
중학교 들어갈 준비를 해야겠기에 과외를 했지요.

그때 만난 62년 지기 친구가 있습니다.
고향 친구도 아닌 서울에서 만난 친구가
지금까지 이어져 왔다는 것도 쉬운 일이 아니지요.
그 친구는 부족함이 없는 교육자 집안 3남 1녀로 태어나
귀염둥이 외동딸로 살고 있었어요.
예의도 바르고 성격도 맑은 친구였어요.

그녀와 나는 전혀 다른 환경에서 살고 있었어요.
5남매의 막내로 태어난 나는 부모가 일찍 돌아가셨어요.

오빠들은 부모가 없이 막 자랐다는 소리를
듣지 않게 하려고 엄격한 교육을 시켰습니다.
그렇게 친구와 난 전혀 다른 환경 속에서도
보약 같은 친구였어요.

그 친구에게는 귀엽게 생긴 막내 남동생이 있었어요.
그 동생은 나를 만나면 공부는 안 하고
나를 놀리는 재미로 살고 있는 것 같았어요.
그 동생 지어준 별명이 바둑이 엄마였어요.

학교 선생님께서도 바둑이라고 불러 주셨어요.
그런데 그 별명이 싫지는 않았어요.
그렇게 불리운 별명이 지금까지 자연스레
운명처럼 불리어졌답니다.

## 내면의 소리

이른 아침 소슬바람 소리는
향기 없는 양귀비 꽃잎처럼 가볍게 불고 있다.
여린 마음의 상처를 치유하기 위해
깊은 내면 속으로 여행하다 자신에게 놀랐다.

철없던 나에게 깊은 사랑을 주신 스승님도 잊은 채
바다의 깊이도 모르고 살아온 어리석음에 놀랐다.
향수를 뿌리지 않아도 향 내음이 날 수 있다는 말씀을
지금이라도 이해할 수 있어 행복하다.

내 삶에 길들여진 현실 속에 허영과 체면,
질투와 분노까지 악의 감정에 떠밀려
딜레마에 빠져갈 길도 모르고
이쪽저쪽 헤매이다 고통을 겪다 보니
내면의 나를 발견할 수 있어 다행이다.

내 안에 잠재되어 있는 수많은 별들은
빛을 내지 못한 채 호수의 백조처럼 발버둥만 치는
별을 꺼내어 빛을 내야겠다.

나를 바라보는 또 다른 별들을 위해 반짝이는
빛을 찾아오리라는 믿음으로 하늘을 보면 잠시나마
빛을 내며 행복이 머물겠지.

자신의 가치를 알고 내적 성장을 위해
스스로를 강하게 만드는 것은
집착과 욕망으로부터
벗어나야 한다는 것을 느꼈다.
장자의 말씀도 생각 속에서 나를 버려야 한다고 했다.
그러나 그것이 얼마나 힘든 일인지 잘 알고 있다.

홀로 있어도 괜찮아야 하고 스스로의 존재를 아끼고
타인에게 의존하지 않고 살아가야 한다.
자연 섭리에 비하면 인간은 조각구름 같은
한 조각뿐인 것을
왜 그토록 미래에 집중하며 시간만 낭비하고 있는지를

거울 앞에서 얼굴을 보다 보면 주어진
삶에 허무한 감정이 찾아올 때도 있다.

목적 없이 태어나기보다는 목적이 있어 태어났다는
자신감으로 더 넓은 시야로
나를 바라보며 자유를 얻을 수 있는 것은
내 자신의 몫이라 생각하자.

## 마음의 병

병이란 어디에서 오는 줄도 모르고
예기치 못한 곳에서 자신도 모르게 찾아온다.
그런데 흔히들 육신이 아플 때엔 절대 안정을
취하라고 격려하면서 신경에서 오는 병이나
정신적으로 오는 병은 무서운 병이 되어도
대부분의 사람들은 마음을 비워라.

복에 겨워서 그렇다며 이렇게 하라 저렇게 하라.
마치 의사라도 되는 듯 자기들의 잣대로
말의 향기를 흐리며 술도 먹어 보라고 권하기도 한다.
심지어는 왜 그렇게 나약하느냐고 핀잔을 주기도 한다.
또한 사람들과 어울리라며 아픈 상처에
더 깊은 상처를 주기도 한다.
그렇게 건강한 사람들은 눈으로 보이는 것만을
볼 줄 알기에 그런 것이 아닐까?

신체적인 고통에는 동정이라도 하면서
마음의 고통은 어이없는 표정으로 답한다.

그러기에 마음이 고통스러울 때는
차라리 자신을 위해 고독을 즐기는 것이
현명하다고 생각한다.

## 진달래꽃 이야기

산언덕에 피어난 진달래꽃
봄바람에 긴 나뭇가지에 매달려
수줍게 피었네
세월 속에 묻혀버린 꽃
새봄이면 어김없이 피어나는 꽃

나보기가 역겨워 가실 때에는
말없이 고이 보내 드리오리다
영변 약산 진달래꽃
아름 따다 가실 길에 뿌리 오리다

가시는 걸음걸음 놓인 그 꽃을
사뿐히 즈려 밟고 가시옵소서

시인 김소월님의 마음을 담아
매서운 봄바람에 피어난 꽃

파란 하늘에 흰 구름 가듯
세월은 갔어도 아직도 가슴 에이는 이야기 꽃
봄눈 녹으며 찾아온 연 분홍빛 사랑
흔들리며 피워낸 마음의 꽃

## 서로의 마음

마음이 힘들어질 때
서로 든든한 힘이 되고
인생의 무게로
속마음마저 막막할 때 위안이 되는 사람
먼 회상 속에서도 서로를 기억하는
그런 사람이라면 좋겠다.

어쩌다 고단한 인생의 머언 길 가다
쓰러질 것 같은 날에
서로 기댈 수 있는 사람이 되고
슬픔이 가득할 땐 언제라도
함께 시켜 줄 수 있고
오랜 약속으로 머물고 기다리며
끝없는 영원한 사랑을 베푸는
그런 사람이라면 좋겠다.

## 들꽃

드넓은 들판에 조용히 피어난 들꽃
너무 예뻐 너를 바라보고 있었지
인간의 눈으로 감히 바라볼 수 없는 태양을
너는 의연하게 바라보고 있구나!

그늘 하나 없는 들판
태양의 빛을 받아
추운 세찬 비바람이 불어와도 기댈 곳 없는 꽃
내 너에게 작은 어깨지만 내어 주련다

## 걱정 없애 주는 법

일에 몰두하며 바쁘게 살자
절망 속에서는 살아갈 수 없다
건설적인 일에만 몰두해야 한다
걱정 의심에서 벗어나라
자기 자신의 연민에 빠지지 말자!

## 멋진 꿈을 가지고

어둠이 깔린 창가에 서서
떠나는 한해를 배웅하고 있다
참 좋은 사람들과 세상을 살아가는 것이
얼마나 행복한 일인가를

왜?
그리도 어리석게 몰랐는지
올 한해 나에게 베풀어 준 것에 대해
고개 숙여 감사드립니다

꿈 너머에 꿈이 있듯이
꿈은 노력한 만큼 영혼을 감동시킨다
채움보다는 비우는 마음으로
배려와 감사 속에서 해맑은 웃음으로
멋진 꿈을 가지고 행복한 동행을 해야겠다

## 홀로 피어 있는 꽃 한 송이

초록 숲길을 말없이 걸었다
잎새들은 환영이라도 하듯
산들바람 날린다

푸른 하늘은 예쁘다며 소녀처럼 환영한다
새털구름은 고독을 즐기며 흘러간다

우수에 젖어 홀로 걷는 사람
뛰는 듯이 걷고 있는 사람
서로 각기 다른 모습으로 생각에 젖어 걷는다

그들의 뒷모습을 보며 홀로임을 일았다
순간 가던 길 멈추게 한 홀로 핀 어여쁜 꽃 한 송이
사랑스러워 눈을 뗄 수가 없다

아련한 눈으로 넋 나간 사람처럼 바라보며

가슴 가득한 외로움을 토해낸다

이젠 네가 있으니 외롭지 않다

## 인연의 끝

이별, 이별, 이별______

생각만 해도 가슴이 메이는 듯한 아픔
흰 백합 꽃잎을 휘감고
무표정한 얼굴로 꽃가마에 누워
구름 타고 떠난 그녀

이별이 아쉬워 산천초목도 울린 그녀
차가운 바람은 통곡하는 이들의 눈물 씻기며
그녀의 향기를 뿌린다

그 향기에 취해 한 걸음 한 걸음
발길 옮겨 하얀 치맛자락에 눈물 닦으며
인연의 끝에서 그녀를 보낸다

## 산딸기

깊은 산골짜기 빨갛게 익은 산딸기
태양의 빛으로 익어간 사랑의 열매
알알이 옹기종기 모여 장미꽃처럼 피었다

돋아난 가시에 찔리는 줄 모르고
작은 바구니에 사랑을 담는다
빨갛게 익은 딸기 입안에 가득

산 위에서 불어오는 사랑 바람
달콤한 향기 건네준다
가슴 저린 사랑으로 노래한다

## 당신은 누구십니까

맑은 눈빛으로 솔 향기 가득 싣고
미풍 타고 웃는 듯 미소 지으며
내게 오신 당신은 누구십니까?

눈감으면 아련하게 떠오는 미소
아침에 눈을 뜨면 제일 먼저
내 안에 오신 당신은 누구십니까?

노을 지는 고요한 연못에 그윽하게
향기 날리며 바람길 따라오신
당신은 누구십니까?

꽁꽁 가두었던 마음의 빗장을
하나둘 풀게 하신
당신은 누구십니까?

상처가 너무 아파 뜨거운 눈물 흘려도
변함없는 미소만을 짓고 계신
당신은 누구십니까?

## 참다운 리더십

리더십이란 통제나 관리를 하는 리더십이 아니다. 이러한 리더십은 리더에 대해 아무것도 모르고 있는 것이라고 말하고 싶다.

단지 폭정을 하고 있을 뿐, 참된 리더는 아니다. 특히 기업의 리더는 자신들의 잠재력을 발휘하고자 한다면 부하 직원을 섬기는 정신으로 이끌어야 한다.

리더가 아랫사람을 섬기고 받드는 것을 정신 목표나 기본 이념으로 이끌어간다면 그 정신이 직원들에게 전달되어 서로 아끼며 존중하며 최선을 다하여 일해 업무 능률을 오르게 할 것이다. 그러면서 리더가 원하는 것에 도달할 것이다. 또한 회사를 이끌어갈 명분들이 분명해 실천하는 사원들로서 책임을 갖고 좋은 환경을 만들기 위해 노력할 것이다.

그러므로 본인의 의사나 목표를 분명히 하며
심리적으로는 일에 대한 자부심을 느끼게 되고
리더와 직원들은 의식적 단계에서 가치관이 일치하며
깨어있는 조직이 되어 목표를 이루고 통합된 비전과
사명으로 성장의 초점을 맞춰 건전한 윤리적
회사 문화로 정착하게 될 것이다.

또한 리더는 부하들의 입장이 되어 그들의 이야기를
집중해서 들어주고 적당한 관계를 두고 돕는 것이라면
그들은 힘을 얻어 문제를 둘러싼 어려움을
자기 개인적인 이해관계의 입장에서 집착하려는 것을
멈추고 각자 자기 자신의 일처럼 조직을 위해
책임감을 느끼고 해결할 것이다.

## 사랑의 장미

에덴동산의 길목에서
당신이 내게 준 장미 한 송이
수줍게 받아 들고
볼― 빨갛게 물들이며 미소 짓는다

한 송이 장미로
수만 송이 피우라며
건네준 사랑의 장미
반짝이는 꽃길로
나와 함께 머물다 갈 사람들에게
천만 송이보다 진한 향기의
사랑을 전하련다

## 올리브나무

하늘빛으로 자란 올리브 나무
뿌리를 안으로 감춘 채

알알이 맺힌 작은 영혼이여
강렬하게 타오르는 태양 아래
모질게 견뎌온 사랑의 열매

따뜻한 내 고운 손으로
너의 맑은 수액 만들어

네 향기 초록 바람에 실려
온 세상 가득히 혀끝에서 감도는 감미로움을

가슴마다 그리움으로 남겨 놓으련다
네 향기 그리워 다시 찾을 때까지

## 정옥아!

옥아! 이렇게 너에게 펜을 들게 된 것은
우리 서로 예쁜 생각을 나누고 싶어서였다.
서늘한 바람을 몰아내듯 초록 잎들을 뒤로하고
훈풍을 알리는 비가 촉촉이 내리고 있구나!

언제나 이런 날엔 커피 한잔을 마시고 싶은 날이지
우리가 만난 나이 환갑이 지나도 여유롭게
차 한 잔을 마시지 못한 채 바삐 살아왔구나!
이젠 네가 염려해 준 덕분에 아니 내가 가야 할 길을
열어주었다는 것이 정확한 표현이겠지.

옥아! 정말 고맙다.
늦게나마 취미를 찾게 해 줘서

옥아! 우린 서로 끊어질 듯 끊어질 듯 끊어지지 않는

인연 속에서 서로의 건강과 행복을 빌어주는
나이가 되었구나!
우리가 만날 때면 서로의 언니가 되어
부족함을 채워 주었지!

그렇게 언제나 네 이야기를 듣고 있노라면
어쩌면 그토록 사회성이 뛰어난지
옥구슬 굴러가듯 쉬지 않고 이야기하는 너를
바라보며 놀라기도 한단다.

요즈음 보이스피싱이 판을 치는 세상에서
넌 꿋꿋하게 걷고 있지. 두려움도 없이 말이다.
그런데 난 말이야!
그런 얘길 들어보면 괜스레 무서움을 느낀단다.
그렇게 우린 서로 다른 점에서 서로 아끼고 안타까운

마음은 학창 시절부터 언제나 변하지 않은
우정 아니겠니!

새삼 작가의 길을 가게 한 네가 고마워
이렇게 잠시 네 생각을 하며 몇 자 적어 본다.
우리 모두 건강하자.
우리가 알고 있는 모든 이들에게도 건강을______

## 찔레꽃 나무순

진달래꽃 활짝 핀 봄날
어머니는 바구니 옆에 끼고
허기지는 줄도 모르시고
깊은 골 산나물 뜯어
대청마루 한가득 쏟아 놓으시고는

봄내음 가득한 길게 뻗은 찔레꽃 나무순
한 가닥 한 가닥 껍질 벗겨
입 안에 넣어 주셨던 어머니의 사랑
입 안에 가득 달콤한 향기
어머니의 깊은 사랑 되어 온몸에 흐른다

## 하얀 나비

하얀 나비야!
얼마나 먼 곳에서 날아왔니!
아프다고 말한 적 없는 너에게 얘기한다.

나 역시 아프다고 말한 적도 없단다.
지금도 그렇단다.
내가 만든 꽃밭에 잠시 쉬러 온 너

백옥 같은 흰옷 입고 춤추는 너를 보며
나도 너처럼 날고 싶다고 너에게 말하고 싶다.
너는 알고 있니? 내가 왜 이렇게 울고 있는지를

울고난 뒤 내 마음 후련해질 때까지
그 자리에서 지켜다오.
그리고 후련해져 미소 지을 때 함께 기뻐해 다오.

## 낙엽 쌓인 벤치에 앉아

사르르 떨어진 한 아름 낙엽을 안고
낙엽 쌓인 벤치에 잠시 쉬어
커피 한잔에 추억을 그린다

추억을 그린 낙엽 빛 버버리
긴 옷자락에 추억이 묻어나고
사색의 그림자
그리움이 매달린다

추억을 담아낸 귀여운 여인의 모습
활짝 웃는 한 장의 추억에는 기쁨이 묻어나고
가을이 묻어난 옷자락에 커피 향이 스친다

천진스럽게 웃고 있는 모습에 내가 있다
젊음은 좋은 것 사랑스러운 귀여움
세월이 삼켜 버린 그 모습은 어디에 ____

# 나의 자화상

욕심 많은 키 작은 소녀야!
착해 보이는 소녀야! 예뻐 보이는 소녀야!
톡하고 건드리면 터질 것 같은 소녀야!
솔잎 끝에 매달린 빗방울 같은 소녀야!
환한 미소가 예쁘다는 소녀야!

수줍어 미소 지을 땐 볼 빨간 장미 같은 소녀야!
앵두 빛 너의 입술 입맞춤 하고 싶은 소녀야!
상처가 있었다면 그 상처까지 안아주고 싶은 소녀야!
마음이 아파도 아픈 모습 보일까 봐 웃고 있는 소녀야!
천상까지 안고 갈 어리석은 소녀야!

그 소녀가 어른이 되어
와인 향기 날리며 바닷길을 걷고 있지.

그 여인 흘린 눈물 여인을 위한 눈물이며
타인을 이해하는 것도 여인을 위한 것이고
타인을 위해 베푸는 것도 여인을 즐겁게 하는 것이다.
그 무엇이 먹고 싶어 먹을 때에도
여인에 대한 배려이다.

진정한 고수는 슬프거나 화가 날 때도 마음속에서
참는 것이 아니고 마음이 움직이지 않아야 한다.
그것이 진정한 고수인 여인아!

## 내 마음

내 마음은 하늘 위로 날으며 노래하는 새
내 마음은 황금빛 노을 반짝이는 별

내 마음은 가지마다 매달린 복숭아 열매
내 마음은 넓고 고요한 바다에서
캐어낸 은빛 진주

행복합니다
핑크빛 장미 백만 송이가 찾아왔으니까요
나 움직일 때마다 향기가 가득합니다

향수가 필요 없습니다
향수를 뿌리지 않아도 향기가 날 테니까요

## 작가 후기

노년에 글을 쓴다는 것에 두렵기까지 했습니다. 감히 감히 생각지도 못했기 때문이지요. 한세월 살아온 삶이 고개 넘듯이 한 많은 사연 담아 오뚜기처럼 살아온 인생길

내 것 하나 없이 버리기만 하면 되는 줄 알았던 어리석음이 대를 위해서는 작은 것을 희생해야 한다는 깊은 뜻을 깨닫지 못한 채 알량한 나만의 철학으로 분별하지 못하고 소인배와도 같은 마음 때문이었습니다.

뒤늦게 글을 통해 인간의 작은 사랑에 비해 하늘의 사랑은 비교할 수 없는 만큼 만물을 먹이고 입히고 미생물까지도 태양은 빛을 주고 달빛은 조용한 한 줄기의 빛으로 잠재우며 시원한 바람은 한 조각 어둡고 타락한 마음을 멈추지 않고 씻어 주었습니다.

우리가 나온 곳이 하나이고 돌아갈 곳도 하나이니 누굴 원망하고 미워할 수 있겠습니까?

미워한다면 하늘을 향해 돌을 던지는 격이고 내 얼굴에 침 뱉는 격이 였기에 큰 눈으로 바라보고 천지의 마음으로 받아서 드렸다면 우리 모두 동반자일 텐데…….

생각하지도 못하고 용서할 수 없다고
몸부림쳤던 어리석은 나의 눈과 귀
입으로 지은 수많은 음파들.......
그러나 이 글을 쓰면서 나를 발견하게 되고
그동안 미운 감정에서 나를 한 번 더 돌아
보게 한 것이나 상대를 알게 한 것도
책 속의 글이었습니다.

내 눈 속에 비친 또 다른 상대를 알게 되고 이해하게 되며 제 마음도 편하고 자유롭게 살아갈 수 있는 것 같습니다. 그래서 글이란 인격을 형성하게 되고 문학은 아름다운 마음을 갖게 하기도 하는 것 같습니다.

그러기에 남은 인생이나마 가볍게 생각하고 가볍게 지나가는 마음으로 조용히 문학을 즐기며 또 다른 장르로 글을 쓰고 싶습니다. 앞으로도 보잘것없는 글이나마 최선을 다해 작가의 길을 걸어 볼까 합니다.

끝까지 읽어 주신 독자님께 진심으로 감사드립니다.

수백향 조병예 드림